KB040975

김성환의 철학 한 컷

세계관이란 무엇인가

김성환의 철학 한 컷

세계관이란 무엇인가

김성환

이 저서는 한국연구재단의 PM 연구실 회복 지원을 받아 연구되었습니다.
(PM2022HS0007)

김성환의 철학 한 컷

세계관이란 무엇인가

김성환 지음

펴낸이 | 이숙
펴낸곳 | 도서출판 서광사
출판등록일 | 1977. 6. 30.
출판등록번호 | 제 406-2006-000010호

(10881) 경기도 파주시 회동길 77-12 (문발동)
Tel: (031) 955-4331 | Fax: (031) 955-4336
E-mail: phil6060@naver.com
http://www.seokwangsa.co.kr | http://www.seokwangsa.kr

제1판 제1쇄 펴낸날 — 2024년 8월 30일

ISBN 978-89-306-0239-6   03100

3부 기계론

4부 생명론

5부 이성론

6부 감정론

: 세계관 놀이

"세계관" 열풍이 밀레니엄 Z세대에게 불고 있습니다. MZ세대는 온갖 콘텐츠에서 세계관을 찾아내고 없는 세계관을 만들어서 콘텐츠에 덧붙이기도 합니다. 세계관 놀이라고 합니다.

세계관은 본래 철학의 미션입니다. 철학은 세상 모든 것에 통하는 말을 찾습니다. 요즘 세계관은 세계 전체뿐 아니라 한 사람의 인생관, 가치관도 포함하는 의미로 쓰입니다. 한 사람도 세계 속에 있으니 한 사람의 인생관, 가치관도 세계관의 일부입니다.

세계에 속하는 것은 자연, 사회, 인간입니다. 자연은 우주, 생물, 무생물을 포함합니다. 세계를 보는 눈은 크게 여섯 가지로 나눌 수 있습니다. 유물론, 관념론, 기계론, 생명론, 이성론, 감정론입니다.

세계의 근원을 물질로 보느냐 정신으로 보느냐에 따라 유물론과 관념론이 나뉩니다. 정신은 신도 포함합니다.

생물을 기계로 보느냐, 무생물과 다른 독특한 성질을 가진 것으로 보느냐에 따라 기계론과 생명론이 나뉩니다.

인간의 생각과 행동이 이성과 감정 중 어느 쪽에 더 크게 의존한다고 보느냐에 따라 이성론과 감정론이 나뉩니다.

저는 유물론, 관념론, 기계론, 생명론, 이성론, 감정론을 각각 5개의 장소와 엮어 설명하겠습니다.

많은 사람이 철학을 어렵고 재미없게 생각합니다. 저는 이 생각을 바꾸고 싶습니다.

철학 나들이라는 아이디어가 떠올랐습니다. 철학은 반드시 책상에 앉아서 공부해야 하는 학문이 아닙니다. 대학생들과 함께 영화 철학 나들이라는 이름으로 전주 국제영화제에 갔습니다. 또 자연철학 나들이라는 이름으로 서울 과학관 자연사 전시실과 서대문자연사박물관도 찾았습니다.

철학 나들이를 좀 더 확장해 보고 싶습니다. 여러 장소에 나들이 가서 장소 한 컷을 찍고 그 장소와 관련된 철학 한 마디를 풀이해 세계를 보는 여섯 가지 눈을 설명하겠습니다. 이 책은 철학 나들이 보고서입니다.

출판 시장이 어려운데 이 책을 내준 서광사와 이숙 대표님께 감사드

립니다. 그리고 〈네이버 프리미엄콘텐츠〉에 실린 글 중 일부를 이 책에
인용할 수 있게 도와준 네이버 주훈 선생님께도 감사드립니다.

2024. 8.

김성환

1

유물론

지리산

"마른 몸에 대한 비가역 욕망"(보드리야르)

그림 1. 눈꽃 핀 지리산 바래봉 ⓒ 김성환

레깅스 패션 등산

여성들이 레깅스 패션으로 등산하는 모습이 많이 보입니다. 레깅스를 입는 분들은 신축성이 좋아 정말 편하다고 말합니다. 찬반론이 있고 법정 공방도 있습니다.

입는 사람은 편할지 몰라도 보는 사람은 불편하다는 것, 남성들이 레깅스를 입고 다니면 여성들도 불편하지 않겠냐는 것이 반대의 이유입니다.

남의 패션 가지고 이래라저래라 할 수 없다는 것, 레깅스가 불편하다는 시선은 1970년대 미니스커트를 단속한 시선과 똑같다는 것이 찬성의 이유입니다.

남성이 버스에서 레깅스 입은 여성을 몰래 촬영하다가 기소된 적이 있습니다. 1심은 촬영 부위가 성 욕망의 대상일 수 있다는 이유로 유죄 판결이 나왔습니다.

2심은 레깅스를 입은 여성이 대중교통을 이용했으니까 레깅스를 입었다는 이유로 성 욕망의 대상이 될 수 없다며 무죄 판결이 나왔습니다.

대법원은 대중교통을 이용했다는 것은 레깅스를 입은 모습이 성 욕망의 대상이 될 수 없는 타당한 이유가 아니라며 2심 무죄 판결을 파기하고 유죄 취지로 돌려보냈습니다.

저는 대법원의 판결에 동의하고 레깅스 패션 등산에도 찬성합니다. 특별한 이유가 있다면 마른 몸에 대한 욕망이 레깅스 패션 등산에서도

김성환의 철학 한 컷

나타난다고 생각하기 때문입니다.

마른 몸에 대한 선호

지리산에 자주 갔습니다. 1년 동안 계절마다 간 적도 있습니다. 한겨울에 눈꽃 핀 바래봉에 갔습니다. 안구 정화를 했습니다. 겨울 지리산이 오늘의 장소 한 컷입니다.

봄에는 천왕봉에 올랐습니다. 땀이 비 오듯 흘렀습니다. 여름 장마철에는 무제치기폭포에 갔습니다. 물이 많아 폭포가 장엄했습니다. 가을에는 길을 잘못 들어 빨치산이 숨어 지낸 박영발 비트를 보았습니다.

제가 지리산에 자주 가는 이유는 큰 산에 다녀오면 몸이 가벼워졌다는 느낌이 들기 때문입니다. 착각일 수도 있습니다. 그러나 몸무게를 재 보면 1~2kg쯤 줄어 있습니다. 금방 요요가 되지만요.

모든 산이 똑같습니다. 산에 다녀오면 건강해지고 날씬해진 느낌이 듭니다. 우리나라 캠핑아웃도어 시장의 규모가 2022년에 5조 원대입니다. 코로나19 때문에 야외 활동이 늘었습니다.

레깅스뿐 아니라 화려한 등산복을 입고 산에 다니는 사람들은 일차로 같은 것을 바랍니다. 건강하고 날씬한 몸.

프랑스 철학자 보드리야르는 마른 몸에 대한 현대인의 욕망이 비가역이라고 말합니다. 마른 몸에 대한 비가역 욕망이 오늘의 철학 한 마디입니다.

조선 시대의 미인도를 보면 얼굴이 통통합니다. 많은 사람이 가난해 못 먹고 마른 시절에는 통통한 얼굴과 몸이 예쁘게 보였습니다. 그럼 우리나라가 다시 못 먹는 시절로 돌아가면 통통한 얼굴과 몸이 미인의 조건으로 꼽힐까요?

보드리야르의 대답은 아니라는 것입니다. 대부분의 사람이 마른 시절로 돌아가도 마른 몸에 대한 욕망은 돌이킬 수 없고 비가역이랍니다. 왜 그럴까요?

마른 몸에 대한 욕망은 타나토스 때문

오스트리아 정신분석학자 프로이트는 모든 사람에게 두 가지 충동이 있다고 말합니다. 에로스와 타나토스입니다. 성 충동과 죽음 충동이라고 옮깁니다.

에로스, 성 충동은 자기와 남을 보존하려고 합니다. 타나토스, 죽음 충동은 자기와 남을 파괴하려고 합니다. 자기와 남을 보존하려는 충동은 사랑으로 나타납니다. 자기와 남을 파괴하려는 충동은 폭력으로 나타납니다.

에로스든 타나토스든 충동은 채우면 만족이 따릅니다. 할리우드 영화는 액션 영화에도 사랑과 섹스를 섞고 로맨스 영화에도 폭력을 섞습니다. 두 충동을 다 채우는 것이 한 충동만 채우는 것보다 관객의 만족이 더 크기 때문입니다.

보드리야르에 따르면 마른 몸에 대한 욕망이 비가역인 이유는 사람에게 죽음 충동, 타나토스가 있기 때문입니다.

다이어트는 운동과 식이요법을 병행하는 것이 공식입니다. 식이요법은 식단을 조절하는 것이지만 간단하게는 적게 먹거나 굶는 것입니다. 스스로 적게 먹이거나 굶기는 것입니다. 자기 학대입니다.

그러나 자기 학대한 몸을 거울에 비추어 보면 흐뭇해집니다. 파괴 충동인 타나토스를 채웠기 때문입니다. 어떤 충동이든 채우면 만족이 따른다니까요.

다시 가난한 시절로 돌아가더라도 인간에게 타나토스가 있는 한 마른 몸에 대한 욕망은 사라지지 않는다는 것이 보드리야르의 진단입니다.

몸 가는 데 마음 가는 유물론

철학에는 몸보다 마음을 더 중시하는 관념론이 있습니다. 인간이 다른 동물에 비해 나은 것은 몸이 아니라 마음입니다. 그러니까 마음으로 얻는 지혜, 도덕이 인간을 다른 동물과 구별해 준다는 세계관이 관념론입니다.

그러나 유물론은 마음보다 몸을 더 중시합니다. 유물론은 몸 가는 데 마음 간다는 세계관입니다. 유물론은 인간도 다른 동물과 마찬가지로 뇌를 포함한 몸이 있어야 지혜도 얻고 도덕도 갖출 수 있다고 봅니다.

산에 가서 건강하고 마른 몸을 얻으려는 사람들은 유물론자들입니다. 얼굴과 몸을 가꾸는 현대인은 마음 가는 데 몸 가지 않고 몸 가는 데 마음 간다고 생각하는 사람입니다. 몸만 간다고 생각할 수도 있습니다. 그래도 몸을 최우선으로 여기는 유물론자입니다.

유물론은 만물의 근원이 물질이고 모든 정신 현상도 물질의 작용이나 산물로 보는 이론이라고 정의되어 있습니다. 물질과 정신은 인간의 경우 몸과 마음이라고 바꿀 수 있습니다. 그러면 인간의 근원이 몸이고 모든 마음 현상은 몸의 작용이나 산물로 보는 이론이 유물론입니다.

몸은 영어로 "보디(body)"입니다. 인간의 몸뿐 아니라 돌, 물도 보디,

물체입니다. 나무와 개도 보디, 몸을 가지고 있습니다. 유물론은 돌, 물 같은 무생물뿐 아니라 나무, 개, 인간 같은 생물도 물체 또는 몸이 근원 이라고 봅니다.

현대인은 자기 몸을 가꾸고 자기 몸에 투자하지 않으면 손가락질을 받습니다. 성형, 다이어트, 피트니스, 등산 등 마른 몸에 대한 비가역 선호는 유물론의 세계관입니다.

〈페루 마추 픽추〉

"자연 문화" (해러웨이)

그림 2. 페루의 마추 픽추. 앞에 보이는 산은 우와이나 픽추 ⓒ 김성환

잉카콜라

"잉카?"

"콜라!"

페루에 같이 여행한 두 가족이 암호로 정한 말입니다. 오랜 시간이 지나 다시 만나더라도 누가 "잉카?"라고 말하면 "콜라!"라고 받기로 했습니다. 페루 여행 기간 내내 잉카콜라를 마셨습니다. 맛있습니다.

페루 사람들은 코카콜라를 마시지 않습니다. 잉카콜라를 마십니다. 잉카콜라는 페루의 탄산음료 제조사 린들리가 만들었습니다. 잉카의 황금 문명을 상징하는 노란색입니다.

잉카콜라는 페루의 국민 음료입니다. 남미에서도 페루 말고 다른 모든 나라에서는 코카콜라를 마십니다. 린들리사는 코카콜라의 제국주의에 맞선다며 잉카콜라의 광고에 원주민을 내세우는 등 민족주의를 자극했습니다.

코카콜라 회사는 페루에서 잉카콜라를 이기지 못하자 1999년 린들리의 지분 59%를 300만 달러에 인수했습니다. 페루 사람들은 여전히 코카콜라사가 만드는 잉카콜라를 마십니다.

자연 문화

페루에서 마추 픽추에 갔습니다. 15세기에 해발 2,430m나 되는 안데스 산맥 위에 지은 고산 도시입니다. 사진과 동영상으로 익히 본 모습이지만 실물을 보니 입이 벌어졌습니다. 페루 마추 픽추가 오늘의 장소 한 컷입니다.

'이걸 어떻게 지었지? 대단하다.'

첫인상이었습니다. 이런 도시를 지은 인간의 힘에 감탄했습니다. 그러나 다시 생각해 보니 감탄의 대상을 인간보다 자연으로 바꾸어야 할 듯합니다.

"자연 문화"

미국 생물학자이며 문화 비평가 해러웨이가 만든 말입니다. 자연 문화가 오늘의 철학 한 마디입니다.

해러웨이는 자연과 문화, 자연과 인간의 이원론을 무너뜨리겠다고 자연 문화라는 말을 만듭니다. 이원론의 원조는 프랑스 철학자 데카르트입니다. 그는 몸과 마음의 이원론을 말합니다. 이 이원론은 몸을 포함한 물체와 마음을 서로 다른 실체로 봅니다. 실체는 다른 것에 의존하지 않고 스스로 존재하는 것입니다. 실체가 둘이기 때문에 이원론입니다.

몸도 물체도 영어로는 보디입니다. 몸과 물체는 자연에 속합니다. 데카르트에게 마음은 인간만의 것입니다. 동물은 몸만 있지 마음은 없습니다. 그러니까 몸과 마음의 이원론은 자연과 인간의 이원론, 자연과 인간이 만든 문화의 이원론을 의미합니다.

해러웨이가 겨냥하는 것이 자연과 인간의 이원론, 자연과 문화의 이원론입니다. 이원론은 한쪽이 다른 쪽을 지배하는 것을 허용합니다. 몸과 마음의 이원론은 마음이 몸을 지배하는 것을 허용하고 자연과 인간, 자연과 문화의 이원론은 인간과 문화가 자연을 지배하는 것을 허용합니다. 자연 지배의 폐해가 기후 온난화, 코로나19 팬데믹 등입니다.

해러웨이는 자연 문화를 대안으로 제시합니다. 자연 문화는 인간, 문화와 분리된 자연은 없다는 뜻입니다.

마추 픽추야말로 자연 문화입니다. 잉카 사람들이 접착제를 사용하지 않고 전통 방식으로 돌을 쌓아 만들었습니다. 마추 픽추는 자연 고산과 인간 건축의 융합인 자연 문화입니다.

마추 픽추를 바라보면 앞에 산이 하나 있습니다. 우와이나 픽추라 불립니다. 마추 픽추는 늙은 봉우리라는 뜻이고 우와이나 픽추는 젊은 봉우리라는 뜻입니다.

우와이나 픽추에도 인간의 흔적이 있습니다. 정상에 오르는 돌계단과

돌로 만든 테라스입니다. 우와이나 픽추는 멀리서 보면 그저 자연인 것 같지만 아닙니다. 자연 문화입니다.

공생 미생물

자연 문화는 거시 차원뿐 아니라 미시 차원에서도 볼 수 있습니다. 해러웨이는 인간의 몸속에서 함께 살아가는 미생물인 공생 미생물 또는 마이크로바이옴을 주목합니다. 마이크로바이옴은 미생물 군집을 의미합니다.

인간의 몸속에는 100조 개에 이르는 다양한 미생물이 살고 있습니다. 이 미생물들은 인간 몸의 전체 세포 수 약 5조 개보다 많고 무게는 1.3~2.3kg입니다. 대장 속에 가장 많이 있습니다.

대장 속에 사는 세균은 1천 종이 넘고 이 미생물이 우리의 배설물을 50% 이상 만듭니다. 소장과 대장은 외부 항원이 음식물과 함께 들어와 병원성 바이러스와 세균에 인체가 감염되는 경로이기도 합니다. 인체는 이에 맞서 면역 시스템을 갖추고 있습니다.

자연뿐 아니라 인간의 몸도 자연 문화입니다. 인간의 몸은 자연의 미생물이 함께 사는 곳입니다. 인간, 문화와 분리된 자연도 없고 자연과 분리된 인간, 문화도 없습니다.

신유물론

유물론은 이원론이 아니라 일원론입니다. 유물론은 만물의 근원이 물체이고 정신 현상도 물체 또는 몸의 일부인 뇌의 작용이나 산물이라고 보기 때문입니다.

해러웨이의 자연 문화도 자연과 인간, 자연과 문화를 이원론으로 보지 않고 일원론으로 보는 세계관입니다. 자연과 인간, 자연과 문화 가운데 근원은 자연입니다. 인간과 문화는 자연의 산물입니다. 자연이 생물을 낳고 생물의 진화가 인간을 낳지 않았으면 문화도 없습니다.

만물의 근원은 자연이고 인간과 문화는 자연의 작용 또는 산물이라는 것이 자연 문화의 원리입니다. 해러웨이는 자연 문화의 원리를 신유물론이라 부릅니다.

유물론은 몸, 물체를 마음의 근원으로 보는 일원론입니다. 해러웨이의 자연 문화는 자연을 인간과 문화의 근원으로 보는 일원론입니다. 그래서 해러웨이의 자연 문화는 신유물론의 세계관입니다.

〈함양 삼봉산〉

자연변증법 1 "양 변화에서 질 변화로 전화"(엥겔스)

그림 3. 함양 삼봉산에서 바라본 왼쪽부터 지리산 하봉, 중봉, 천왕봉, 제석봉.
천왕봉 정상이 구름에 가려 있음 ⓒ 김성환

엥겔스 살리기

신유물론이 떠오르면서 엥겔스 살리기가 일어나고 있습니다. 신유물
론은 정신이 아니라 물질을 세계의 근원으로 보는 유물론 전통에 물질
이 스스로 변화하는 힘을 보탠 세계관입니다.

신유물론이 엥겔스 살리기에 나선 까닭은 독일 철학자 엥겔스의 자연 변증법이 스스로 변화하는 물질의 힘을 보여주기 때문입니다. 엥겔스는 물질이 스스로 변화하는 힘을 자연변증법의 세 법칙으로 설명합니다. "양 변화에서 질 변화로 전화 법칙", "부정의 부정 법칙", "대립물의 통일과 투쟁 법칙"입니다.

지금부터 세 차례에 걸쳐 엥겔스의 세 자연변증법 법칙이 어떤 세계관을 지니는지 살펴보겠습니다. "양 변화에서 질 변화로 전화"가 오늘의 철학 한 마디입니다.

얼음 – 물 – 수증기 이야기

함양 삼봉산에 가서 남쪽으로 지리산을 보았습니다. 지리산 천왕봉 정상은 구름에 가려 있었습니다. 함양 삼봉산이 오늘의 장소 한 컷입니다.

구름은 물이 햇빛에 증발된 수증기가 먼지 등과 응결해 미세한 얼음이나 물방울이 되어 떠 있는 것입니다. 이 얼음이나 물방울은 주변 수증기가 붙어 더 커지면 비나 눈이 되어 내립니다.

지리산을 덮고 있는 구름도 수증기가 물방울이나 얼음이 되어 떠 있는 것입니다. 얼음 – 물 – 수증기가 오늘 이야기입니다.

"예를 들어 물의 온도는 처음에는 그 액체 유동 상태와 평형을 이루고 있다. 그러나 유동 상태의 물의 온도가 증가하거나 감소함에 따라 이 응집 상태가 변화는 지점이 나타난다. 이 지점에서 물은 수증기로 변하거나 얼음으로 변한다."

엥겔스의 말입니다. 얼음 - 물 - 수증기 이야기는 양 변화에서 질 변화로 바뀌는 전화 법칙의 한 예입니다. 앞뒤 맥락은 다음과 같습니다.

세계의 모든 사물은 변화합니다. 사물의 변화는 어떻게 일어날까요? 양 변화에서 질 변화로 바뀌는 전화 법칙은 이 물음에 대한 한 가지 답입니다. 모든 사물은 양 변화가 질 변화를 일으키는 방식으로 변화합니다.

모든 사물은 질을 가지고 있습니다. 만일 질이 없으면 우리는 사물들을 서로 구별할 수 없습니다. 나무는 나무의 질을, 개는 개의 질을, 사람은 사람의 질을, 사회는 사회의 질을 가지고 있습니다. 또 모든 사물은 수, 크기, 부피, 정도 같은 양도 가지고 있습니다.

한 사물은 질이 변하면 다른 사물이 됩니다. 사물은 양이 일정한 한계 안에서 변하면 질이 변하지 않습니다. 사물의 양 변화가 일정한 한계를 넘어서면 그 사물의 질도 변합니다.

김성환의 철학 한 컷

얼음은 0℃ 이상으로 올라가면 물로 변합니다. 물의 질은 얼음의 질과 다릅니다. 얼음은 고체이고 일정한 모양을 갖지만 물은 액체이고 일정한 모양을 갖지 않습니다.

또 물은 100℃ 이상으로 올라가면 수증기로 변합니다. 수증기의 질도 물의 질과 다릅니다. 물은 액체이고 일정한 부피를 갖지만 수증기는 기체이고 일정한 부피를 갖지 않습니다. 사물의 변화는 양 변화가 질 변화를 일으키는 방식으로 일어납니다.

비환원론

양 변화에서 질 변화로 전화 법칙은 어떤 의미를 지닐까요? 저는 비환원론의 의미를 지닌다고 생각합니다.

세계 전체는 쿼크부터 원자, 분자, 원소, 거대분자, 세포, 조직, 기관, 동식물 개체와 개인, 사회, 지구, 우주까지 하나의 위계 구조를 이루고 있습니다. 현대물리학은 더 쪼갤 수 없다는 뜻을 지닌 원자를 입자가속기로 쪼개 양성자, 중성자, 쿼크 등을 발견했습니다.

현대 분자생물학이 다루는 DNA, RNA 등 핵산과 단백질은 거대분자입니다. 생물학이 다루는 세포, 조직, 기관, 동식물 개체는 분자들과 거대분자들이 모여 이루어진 것입니다.

자연과학과 사회과학의 경계선에 개인이 있습니다. 생리학, 심리학 등은 개인을 대상으로 삼습니다. 사회과학은 개인도 다루지만 집단을 대상으로 삼습니다. 지구와 우주를 다루는 지구과학, 우주과학도 있습니다.

여러 과학이 다루는 대상들을 이렇게 깔끔하게 구분할 순 없겠지만 세계 전체는 아래층의 단위들이 모여 위층을 만드는 위계 구조를 이루고 있습니다.

이 위계 구조에 대해 두 가지 관점이 있습니다. 환원론과 비환원론입니다.

환원론은 더 높은 위계의 현상을 더 낮은 위계의 법칙으로 모두 설명할 수 있다는 관점입니다. 환원론은 기본 물질 입자와 그 입자를 대상으로 삼는 기본 과학을 정하고 다른 과학의 대상들도 그 입자의 운동 법칙으로 다 설명할 수 있다는 관점입니다.

비환원론은 더 높은 위계의 현상을 더 낮은 위계의 법칙으로 모두 설명할 수 없다는 관점입니다. 비환원론은 각각의 위계에서 각각의 과학으로 현상을 설명해야 한다고 봅니다. 쿼크는 입자 물리학이 설명해야 하고 DNA는 분자생물학이 설명해야 합니다.

양 변화가 질 변화를 낳는다면 더 높은 위계에서는 새 질이 나타나고 이 질은 더 낮은 위계의 법칙으로 다 설명할 수 없습니다. 양 변화에서 질 변화로 전화 법칙은 비환원론의 관점을 담고 있습니다.

사회는 동물의 왕국이 아닙니다

"개××!"

누군가에게 이 말을 들으면 기분이 나쁠 겁니다. 그러나 개한테 "개××!"라고 말하면 으르렁거리지 않습니다.

타잔은 아프리카 밀림의 고릴라들 사이에서 자라 미국 시카고로 돌아와 사업에 성공합니다. 뻥입니다. 실제로는 있을 수 없는 일입니다.

실제로 어릴 때 밀림에 떨어졌다가 자라서 인간 세계로 돌아온 사람들이 있습니다. 이 사람들은 두 가지를 배우지 못합니다. 언어와 노동입니다.

갓난아이가 만 2살이 넘어도 "엄마"라고 말하지 못하면 부모는 불안해집니다. "엄마"는 갓난아이가 부모와 함께 살아야 배울 수 있습니다. 노동도 어릴 때부터 사람들과 섞여 살아야 배울 수 있습니다.

사람을 사회 동물이라고 합니다. 사회는 둘 이상의 집단입니다. 코로나19로 인한 "사회적 거리 두기"는 둘 이상 모이면 거리를 두라는 뜻입니다. 사람은 둘 이상 모여 살아야 말과 일을 배울 수 있는 사회 동물입니다.

동물에게 미안하지만 사람 모여 사는 사회는 동물의 왕국이 아닙니다. 생물학으로 사회를 다 설명할 수 없습니다. 언어와 노동은 인문학과 사회과학으로 설명해야 합니다.

세계는 비환원론으로 이해해야 합니다. "양 변화에서 질 변화로 전화 법칙"의 의의는 비환원론을 보여준다는 것입니다.

4

〈당진 청보리밭〉

자연변증법 2 "부정의 부정"(엥겔스)

그림 4. 당진 청보리밭의 5월 ⓒ 김성환

정 - 반 - 합

변증법이라고 하면 정 - 반 - 합을 떠올리는 분이 많습니다. 그러나
정 - 반 - 합은 변증법의 세 법칙 가운데 하나입니다. 정 - 반 - 합의 정
식 이름은 "부정의 부정 법칙"입니다. 오늘의 철학 한 마디입니다.

5월 봄에 당진 청보리밭에 다녀왔습니다. 싱그러운 청보리밭이 오늘의 장소 한 컷입니다.

독일 철학자 엥겔스는 "부정의 부정" 법칙의 가장 간단한 예로 보리 낟알 이야기를 합니다.

보리 낟알 이야기

"보리 낟알을 예로 들어보자. 수십억 개의 보리 낟알은 빻아지고 반죽되고 익어서 사람들의 뱃속으로 들어간다. 그러나 어느 보리 낟알이 적절한 조건을 만나 좋은 땅에 떨어지면 따뜻한 열과 수분을 받고 변화해 싹이 튼다. 이제 낟알은 사라지고 부정되며 대신 거기서 생긴 식물, 즉 낟알의 부정이 나타난다. 이 식물은 자라고 꽃피고 열매 맺으며 다시 보리 낟알들을 만들어 낸다. 이 낟알들이 무르익으면 줄기는 천천히 말라 죽는다. 이번에는 줄기가 부정된다. 이런 부정의 부정이 일어난 결과 우리는 다시 처음의 보리 낟알을 얻지만 그 수는 똑같지 않고 열 배, 스무 배, 서른 배다."

보리가 자라는 상식을 빼면 남는 것은 낟알에서 생긴 줄기를 낟알의 부정이라 하고, 줄기에서 생긴 낟알을 줄기의 부정이자 처음 낟알의 부정의 부정이라는 해석입니다.

김성환의 철학 한 컷

생물학자라면 배, 발아, 수정, 생장이라는 개념으로 설명할 현상을 엥겔스가 부정, 부정의 부정이라는 개념으로 해석하는 까닭은 세계관을 내놓고 싶기 때문입니다. 엥겔스의 세계관은 세상 모든 것이 변화한다는 것입니다.

"부정의 부정" 법칙은 세상 모든 것이 변화한다는 세계관에 그치지 않습니다. 저는 "부정의 부정" 법칙이 담고 있는 또 하나의 관점은 비결정론이라고 생각합니다.

비결정론

결정론은 세상일은 우연이 없고 필연에 의해 결정된다는 관점입니다. 결정론은 뉴턴 역학의 성공에 힘입어 성립한 관점입니다.

뉴턴 역학에 따르면 우리가 예를 들어 돌멩이의 현재 상태(어떤 시점에서 위치와 속도)와 뉴턴 역학의 제2 운동법칙(물체가 가진 힘은 질량과 가속도의 곱에 비례한다)을 알면 미래 어느 시점에서도 그 돌멩이의 상태를 정확히 알 수 있습니다.

한낱 돌멩이에 관한 이론이 사람 사는 세상일을 아는 데 뭐 그리 중요할까 싶겠지만 그렇지 않습니다. 돌멩이를 보는 눈은 별, 나무, 개, 사람, 사회를 보는 눈으로 확장될 수 있기 때문입니다. 이때 세상일은 모두 필연으로 일어나고 엄밀하게 결정되는 것으로 보입니다.

그러나 비결정론에 따르면 세상일은 필연도 있지만 우연도 있습니다. 우연이 있기 때문에 우리가 사물의 현재 상태를 알더라도 미래 상태를 정확히 알 수 없고 확률로만 알 수 있습니다. 이때 세상일은 필연과 우연이 함께 작용해 일어나고 엄밀하게 결정되지 않는 것으로 보입니다.

결정론은 현대물리학에서 무너졌습니다. 20세기 양자물리학이 다루는 아주 작은 입자의 세계에서는 우리가 어떤 입자의 현재 상태를 알더라도 그 미래 상태를 단 하나의 정확한 값으로는 알 수 없고 확률값으로만 알 수 있습니다.

그러나 현대 생물학에서는 사정이 다릅니다. 이 분야에서는 분자생물학의 성공을 등에 업고 결정론이 강력히 재등장하고 있습니다. 예를 들어 사람의 행동이 주로 유전 요인에 의해 결정된다는 사회생물학의 견해가 이런 결정론입니다. 어떤 행동의 명령이 우리 유전자 속에 들어 있다면 우리는 아무리 싫어도 그 행동을 할 수밖에 없습니다.

그러나 사람의 행동은 필연과 우연이 함께 작용하는 것으로 볼 수도 있습니다. 사람도 동물이니까 자기와 가족을 보존하기 위해 먹고 자고 자녀를 낳는 일을 할 수밖에 없고 이런 일은 유전 요인에 의해 이루어지니까 필연입니다.

그러나 사람이 자녀를 낳는 일을 반드시 하라는 법은 없습니다. 사람은 독신, 무자녀가 얼마든지 가능합니다. 독신, 무자녀 같은 문화 요인은 유전 요인에 비해 우연입니다. 사람의 행동은 우연이 작용한다고 보는 관점이 비결정론입니다.

"부정의 부정 법칙"의 의의는 비결정론을 보여준다는 것입니다. 보리 낟알이 부정의 부정을 통해 몇 배의 보리 낟알이 될지는 엄밀하게 결정되어 있지 않습니다. 어떤 보리 낟알은 30배의 보리 낟알이 될 수도 있고 어떤 보리 낟알은 28배 또는 31배의 보리 낟알이 될 수도 있습니다. 날씨, 밭, 농부 등 우연이 작용하기 때문입니다.

사람이 결혼을 하고 자녀를 낳는 것도 유전 요인으로만 결정되지 않습니다. 문화 요인도 작용합니다. 필연과 우연이 결합하면 엄밀한 결정이 일어나지 않습니다. 부정의 부정 법칙은 필연과 우연이 함께 작용하는 비결정론을 보여줍니다.

진과 밈

영국 생물학자 도킨스는 『이기적 유전자』에서 벌, 꿀벌, 개미, 흰개미 같은 사회성 곤충의 사회 행동이 유전자를 보존하려는 이기성 때문이라고 말합니다.

예를 들어 일벌이 곰 같은 침입자에게 가미카제 공격을 하는 이유도
알과 유전자 친화도가 여왕벌보다 높기 때문입니다. 일벌은 이기적 유
전자의 명령 때문에 알들을 지키려고 침입자에게 낚시 바늘 같은 갈고
리가 있는 침을 쏘고 내장이 함께 빠져 죽습니다.

그러나 도킨스는 사람이 생물 유전자 진의 명령에만 따르지 않는다고
말합니다. 사람에게는 문화 유전자 밈도 있기 때문입니다. 진은 사람에
게 결혼하고 자녀를 낳으라고 명령하지만 독신 밈과 무자녀 밈은 결혼
하지 말고 자녀도 낳지 말라고 명령합니다.

사람에게 진과 밈은 필연과 우연으로 작용합니다. 사람도 먹고 자고
배설하는 등 진의 명령에 따라 많은 일을 합니다. 그러나 사람은 진의
명령을 거부할 수 있습니다. 사람은 밈의 명령에 따를 수 있습니다. 사
람은 진과 밈, 필연과 우연이 결합한 삶, 비결정론을 보여줍니다.

5

〈서울 서대문자연사박물관〉

자연변증법 3 "대립물의 통일과 투쟁"(엥겔스)

그림 5. 〈서대문자연사박물관〉의 지구환경관에서 은하를 표현하는 영상 ⓒ 김성환

우주의 시작

　우주는 약 138억 년 전 빅뱅으로 탄생했습니다. 빅뱅은 우주의 물질과 에너지가 모두 모인 한 점 곧 특이점에서 일어난 대폭발입니다.

빅뱅 직후에 우주는 온도가 너무 높아 쿼크, 전자 등 기본 입자만 있었고 그 뒤 쿼크들이 결합해 양성자, 중성자가 생겼습니다.

빅뱅 후 38만 년이 지나 우주의 온도가 절대온도 3,000K가 되자 원자핵과 전자가 결합해 원자가 형성되었습니다.

서울 서대문자연사박물관은 빅뱅, 원자핵과 전자의 결합, 은하의 모습을 동영상으로 재현합니다. 오늘의 장소 한 컷입니다.

엥겔스의 자연변증법에서 마지막 셋째 법칙은 "대립물의 통일과 투쟁 법칙"입니다. 엥겔스는 자석, 원자, 생물의 대사를 예로 들어 이 법칙을 설명합니다. 대립물의 통일과 투쟁이 오늘의 철학 한 마디입니다.

원자 이야기

"자석은 남극과 북극이라는 서로 대립된 극들의 통일체로서 존재한다. N극과 S극은 다르지만 둘 중 하나가 없이는 자석이라고 할 수 없으며 양극은 상호 배척하면서 동시에 서로 연관되어 있어서, 자석을 반 또는 그 이상으로 분할해도 여전히 N극과 S극은 있다. 또 원자는 양전하를 띤 핵과 음전하를 띤 전자로 구성되어 있다. 생물은 동화와 이화라는 대사 과정으로 유지된다."

김성환의 철학 한 컷

자석이 N극과 S극을 가진다는 사실, 원자가 양의 핵과 음의 전자로 구성된다는 사실, 생물의 대사가 동화 반응과 이화 반응이라는 사실은 상식입니다. 동화는 에너지를 이용해 핵산이나 단백질을 합성하는 반응이고 이화는 분자를 분해하고 에너지를 얻는 반응입니다.

N극과 S극, 핵과 전자, 동화와 이화는 대립물입니다. 대립물이 결합되어 있는 것이 자석, 원자, 대사입니다. 대립물이 결합되어 있지만 늘 안정하지는 않습니다.

자석은 N극과 S극의 결합이 불안정해지면 자력을 잃습니다. 원자는 핵과 전자의 결합이 불안정해지면 다른 원자로 융합하거나 분열될 수 있습니다. 동화와 이화가 불균형해지면 생물의 몸에 이상이 생깁니다.

대립물의 투쟁은 대립물의 결합이 불안정해져 물질이 변화할 때 일어납니다. 대립물의 통일과 투쟁 법칙도 물질의 변화를 설명하는 원리입니다.

대립물의 통일과 투쟁 법칙은 세상 모든 것이 변화한다는 세계관에 그치지 않습니다. 저는 대립물의 통일과 투쟁 법칙이 담고 있는 또 하나의 관점은 내재론이라고 생각합니다.

내재론

내재론은 세상 모든 것의 변화에서 내부 원인이 주요인으로 작용한다는 관점입니다. 외재론은 세상 모든 것의 변화에서 외부 원인이 주요인으로 작용한다는 관점입니다.

외재론의 원조는 데카르트입니다. 데카르트는 모든 물체가 다른 외부 물체의 작용을 받아야 움직일 수 있다고 말합니다. 물체는 철저히 수동이어서 내부에 원인을 가질 수 없다고 봅니다. 데카르트의 물체는 무생물뿐 아니라 동물과 사람 몸도 포함합니다. 물체와 몸은 모두 라틴어로는 코르푸스(corpus), 영어로는 보디(body)입니다.

데카르트는 돌멩이를 공중에 던지면 떨어지는 이유도 외재론으로 설명합니다. 그는 공간이 물질 입자로 꽉 차 있다고 봅니다. 그래서 물질 입자들이 돌멩이를 지구 중심 방향으로 연속해서 밀어내는 것이 우리 눈에는 돌멩이가 떨어지는 것으로 보인다고 설명합니다.

데카르트의 외재론은 물체가 스스로 변화하는 힘을 조금도 인정하지 않는 관점입니다.

내재론은 물체가 스스로 변화하는 힘을 인정합니다. 자석의 N극과 S극의 투쟁, 원자의 핵과 전자의 투쟁, 생물의 동화와 이화의 투쟁은 변

김성환의 철학 한 컷

화의 내부 원인입니다. 투쟁이라는 말이 인간 사회를 연상케 하지만 변화의 원인을 상징하는 표현입니다.

대립물의 통일과 투쟁 법칙은 세상 모든 것의 변화에서 내부 원인이 주요인으로 작용한다는 내재론을 보여줍니다.

오리온자리

새벽에 걷다 보면 별들이 보입니다. 오리온자리도 보이죠. 가운데 3개의 별 바로 밑에 있는 오리온 대성운(M42)은 안에서 새 별들이 만들어지고 있다 합니다. 오리온 대성운은 날씨가 좋으면 맨눈으로도 볼 수 있습니다.

우주도 변화하고 있습니다. 빅뱅 후 우주는 지금도 팽창하고 있습니다. 너무나 큰 폭발이어서 여진이 끝나지 않았습니다. 우주가 팽창하는 원인은 우주 안에 있습니다. 빅뱅입니다.

빅뱅 후 100만 년이 지나면 우주가 식어 별과 은하가 생기기 시작합니다. 별들도 태어나고 죽습니다. 별들이 태어나고 죽는 원인도 우주 안에 있습니다. 별들의 탄생과 죽음은 질량과 중력에 관한 물리학 법칙을 따릅니다.

새벽에 별들을 보며 탄생과 죽음을 생각합니다. 별빛이 지구에 닿기까지 오래 걸려 빛을 쏘고 죽은 별도 있습니다. 내가 보는 별 중에 이미 죽은 별도 있다니 신기합니다.

2

관념론

6

〈광주 국립5.18민주묘지〉

"이상론"(헤겔)

그림 6. 국립5.18민주묘지에 있는 이한열 열사의 묘 ⓒ 김성환

호헌 철폐

4.19, 5.18, 6.10

4.19는 1960년 이승만의 독재 정권을 끌어내린 민주주의 혁명입니

다. 5.18은 1980년 전두환의 신군부 세력에 항거한 광주민주화운동입니다. 6.10은 1987년 박종철 열사의 고문치사 사건 후 대통령 직선제를 관철한 민주 항쟁입니다.

"호헌 철폐
독재 타도"

1987년 6.10 항쟁 때 구호였습니다. "독재 타도"는 전두환 독재 타도니까 쉽게 이해할 만한데 "호헌 철폐"는 무엇일까요? 호헌은 헌법을 수호한다는 뜻입니다. 헌법을 수호하는 걸 철폐해야 하다니요?

철폐해야 할 헌법은 박정희 대통령이 종신으로 독재하려고 만든 유신헌법입니다. 대통령을 국민들이 직접 선출하지 않고 서울 장충체육관에서 국민대표라는 거수기들이 모여 선출하는 헌법입니다. 전두환은 유신헌법으로 선출된 속칭 "체육관 대통령"입니다.

4.19, 5.18, 6.10은 20세기 후반 우리나라의 굵직굵직한 민주화운동을 상징합니다. 21세기에도 민주화운동이 일어났습니다. 노무현 대통령 탄핵 반대, 미국산 쇠고기 수입 반대, 박근혜 대통령 탄핵 요구 등 촛불 시위가 여러 차례 있었습니다.

이 가운데 가장 많은 사람이 목숨을 잃은 항쟁은 5.18 민주화운동입니다. 직접 사망자와 후유증 사망자와 행방불명자가 600명이 넘습니다.

윤상원
"우리는 오늘 패배하지만,
내일의 역사는 우리를 승리자로 만들 것이다."

광주민주화운동 항쟁지도부의 대변인, 윤상원이 1980년 5월 26일 계엄군의 진입을 앞두고 전남도청에서 외신 기자들에게 한 말입니다.

윤상원은 5월 27일 새벽 계엄군에 맞서 싸우다 총 맞고 사망했습니다. 윤상원은 5.18 기념공원 구묘역에 있습니다.

"사랑도 명예도 이름도 남김없이
한평생 나가자던 뜨거운 맹세.
동지는 간데없고 깃발만 나부껴
새날이 올 때까지 흔들리지 말자.
세월은 흘러가도 산천은 안다.
깨어나서 외치는 뜨거운 함성
앞서서 나가니 산 자여 따르라.
앞서서 나가니 산 자여 따르라."

"임을 위한 행진곡"입니다. 문학자이며 시민사회운동가 백기완 선생님의 시, "묏비나리"를 소설가 황석영 선생님이 개사하고 전남대 학생 김종률이 작곡한 노래입니다. 윤상원과 들불야학 후배 박기순의 영혼결혼식에 바친 노래입니다. 박기순은 들불야학을 설립한 노동운동가이며 1978년 연탄가스 중독으로 사망했습니다.

"새날"은 한국에 민주주의가 실현되는 날입니다. 윤상원과 5.18 광주민주화운동 희생자들의 이상입니다.

관념론은 마음, 정신, 관념을 중시하는 철학 이론이라고 정의되어 있습니다. 저는 조금 다르게 정의합니다. 관념론은 이상론이라고요.

이상론은 이상을 실현하려는 세계관입니다. 관념론의 영어는 "idealism"입니다. "ism"을 붙이면 "론", "주의"가 됩니다. "ism"을 빼면 "ideal"이 남습니다. "ideal"은 "이상"입니다. 그래서 저는 "idealism"을 이상을 실현하려는 세계관이라는 뜻에서 이상론이라고 정의합니다.

관념론을 대표하는 독일 철학자 헤겔은 사회와 역사가 정신의 실현이라고 봅니다. 정신의 실현은 이상의 실현으로 볼 수 있습니다. 사회와 역사는 인간의 정신이 지닌 이상을 실현한다고 말할 수 있습니다. 헤겔이야말로 관념론을 이상의 실현으로 이해합니다. 이상론이 오늘의 철학 한 마디입니다.

윤상원과 5.18 광주민주화운동 희생자들은 이상론자들이라는 뜻에서 관념론의 세계관을 가지고 있습니다. 새날의 이상을 위해 목숨을 바칩니다. 오늘은 패배하지만 내일은 승리합니다. 관념론의 구호입니다.

"꿈은 이루어진다."

이한열

이한열은 윤상원의 내일을 여는 데 앞장섭니다. 5.18 광주민주화운동을 피로 물들인 전두환 군부독재정권은 체육관 대통령제를 유지하려 했습니다.

국민의 저항이 거세졌습니다. 헌법 수호를 철폐하라는 뜻에서 "호헌 철폐"와 "독재 타도"가 구호였습니다. 천주교정의구현사제단이 박종철 열사가 치안본부에서 고문받고 숨졌다고 폭로했습니다. 민주헌법쟁취국민운동본부가 전국에서 1987년 6월 10일 대규모 시위를 벌이기로 했습니다.

하루 전 6월 9일 연세대 시위에서 이한열이 최루탄을 머리에 맞고 쓰러졌습니다. 동료 학생 이종창이 피 흘리는 이한열을 부축하는 장면을

로이터 통신 정태원 기자가 사진에 담아 〈뉴욕타임스〉 1면과 〈중앙일보〉에 보도합니다. 6월 10일부터 본격 항쟁이 시작됩니다.

"전태일 열사여! 김상진 열사여!

장준하 열사여! 김태훈 열사여!

황정하 열사여! 김의기 열사여!

김세진 열사여! 이재호 열사여!

이동수 열사여! 김경숙 열사여!

진성일 열사여! 강상철 열사여!

송광영 열사여! 박영진 열사여!

광주 2천여 영령이여! 박영두 열사여!

김종태 열사여! 박혜정 열사여!

표정두 열사여! 황보영국 열사여!

박종만 열사여! 홍기일 열사여!

박종철 열사여! 우종원 열사여!

김용권 열사여! 이한열 열사여!"

이한열 열사의 추모식에서 통일운동가 문익환 목사가 광주 2천 영령과 25 열사의 이름을 목 놓아 불렀습니다.

우리나라에서 민주주의의 이상은 광주 영령들과 열사들의 피를 먹고 실현되었습니다. 꿈은 피를 먹고 이루어집니다.

  2022년 겨울 국립5.18민주묘지에 간 날 광주에는 17년 만에 폭설이
내렸습니다. 이한열 열사의 묘도 눈에 덮여 있었습니다. 오늘의 장소 한
컷입니다.

7

〈영화관〉
"멀티버스와 시간 되풀이"(MCU)

그림 7. 〈닥터 스트레인지〉에서 마법을 펼치는 닥터 스트레인지(베네딕트 컴버배치).
출처: 네이버

마블 시네마틱 유니버스

독특한 세계관이 있습니다. 마블 시네마틱 유니버스(Marvel Cine-matic Universe), 줄여서 MCU입니다. 유재석이 아닙니다. 마블 스튜디오가 제작하는 영화들의 세계관입니다. 현실에 있는 세계뿐 아니라 없는 세계도 포함하는 세계관이기 때문에 독특합니다.

철학이 세계관을 만들 때 중요한 요소는 5개입니다. 공간, 시간, 물질, 생명, 인간입니다. 이 5개 요소를 더하면 세계에서 빠진 것이 없습니다. 이번에는 영화관에 가서 세계의 5대 구성 요소 중 공간과 시간에 관해 MCU가 무엇을 새롭게 말하는지 살펴보겠습니다. 〈닥터 스트레인지〉를 보는 영화관이 오늘의 장소 한 컷입니다.

메타버스

〈닥터 스트레인지〉에서 신경외과 의사 스티븐 스트레인지는 교통사고로 손 하나에 철심을 11개나 박아 의사 수명이 끝납니다. 전 재산을 들여 손을 치료했으나 실패하자 네팔의 카트만두에 있는 카마르 타지라는 수련원에 가서 마법사 에인션트 원을 만납니다.

닥터 스트레인지가 차크라, 에너지, 믿음의 힘, 영혼 따위는 믿지 않는다고 말하자 에인션트 원은 스트레인지의 가슴을 손바닥으로 툭 쳐서 영혼을 몸 밖으로 밀어냈다가 다시 넣어줍니다.

또 스트레인지의 이마를 엄지로 눌러 멀티버스로 보냈다가 현실 세계로 돌아오게 합니다. 닥터 스트레인지가 뻑 갑니다.

"가르쳐 주십시오."

세계관의 첫째 요소는 공간입니다. 멀티버스가 마블 시네마틱 세계관의 공간입니다. 멀티버스와 시간 되풀이가 오늘의 철학 한 마디입니다.

스페이스는 우주라고도 옮기니까 공간은 우주도 포함합니다. 멀티버스는 멀티유니버스의 줄임말입니다. 멀티버스는 우주가 하나가 아니라 여럿이라고 보는 물리학 용어입니다.

MCU는 여러 개의 우주를 우주의 차원, 디멘션이라 부릅니다. 곰팡이 같은 물질로 가득 찬 차원도 있고 수정 같은 물체로 가득 찬 차원도 있습니다.

다크 디멘션은 지옥이고 지배자는 도르마무입니다. 아스트랄 디멘션은 영혼들이 활동하는 차원입니다. 에인션트 원이 닥터 스트레인지를 툭 쳐서 밀어낸 영혼이 간 차원입니다.

미러 디멘션은 현실 세계를 다른 모양으로 비추는 차원입니다. 우주에서 보이지 않는 물질인 암흑 물질이 만들어 내는 차원이라고 합니다.

만델리버스 디멘션은 프랙탈들로 구성된 차원입니다. 프랙탈은 전체의 모양을 가진 부분입니다. 닥터 스트레인지가 멀티버스에 가서 본 수많은 손의 차원입니다.

디멘션은 그 밖에도 많습니다. 꿀벌 세계, 큐브 세계, 페인트 세계, 만화책 세계, 수중 세계, 파이프 세계, 히드라 세계 등등입니다.

디멘션 이동
"우린 멀티버스에 존재하는
여러 차원의 에너지를 이용해
주문을 걸고
보호막을 생성하고
무기와 마법을 만들어 낸다."

에인션트 원의 가르침입니다. 마법 수련이 시작됩니다. 스트레인지가 공간 이동 장치인 반지 슬링 링을 검지와 중지에 끼고 게이트를 여는 마법을 연습합니다.

스트레인지가 지지부진하자 에인션트 원은 공간 이동 문, 곧 포털을 열어 스트레인지를 에베레스트산에 버리고 옵니다. 2분이면 얼어 죽는 곳입니다. 스트레인지가 간신히 포털을 여는 마법에 성공해 카마르 타지로 돌아옵니다.

마법사 윙과 모르도는 스트레인지에게 아가모토라는 마법사가 홍콩, 뉴욕, 런던에 만든 3개의 신성한 장소, 생텀에서 마스터들이 지구를 다크 디멘션의 도르마무에게서 지키고 있다고 알려줍니다.

에인션트 원의 제자인 케실리우스는 카마르 타지 도서관에서 훔쳐 간 책 한쪽을 해독해 다크 디멘션의 힘을 얻습니다. 케실리우스가 런던 생텀을 공격해 마스터를 죽이고 카마르 타지로 쳐들어오자 후폭풍에 닥터 스트레인지는 뉴욕 생텀으로 나가떨어집니다.

케실리우스 일당은 뉴욕 생텀에 들이닥쳐 마스터를 죽이고 닥터 스트레인지와 대결합니다. 왕초보 마법사 스트레인지는 빨간 레비테이션 망토를 얻고 구속 장치를 이용해 케실리우스를 붙잡습니다. 케실리우스는 에인션트 원이 다크 디멘션에서 힘을 얻어 영생하고 있다고 폭로합니다.

그 사이 뉴욕 생텀에 돌아온 케실리우스의 부하가 스트레인지를 기습해 가슴을 찌릅니다. 스트레인지는 포털을 열고 병원에 가 연인 크리스틴 팔머에게 응급 치료를 받습니다.

스트레인지는 에인션트 원에게 뉴욕 생텀의 마스터를 제안받지만 닥터로 머물겠다며 거절합니다. 다시 케실리우스 일당이 쳐들어오고 스트

김성환의 철학 한 컷

레인지는 마법사 모르도와 함께 미러 디멘션으로 나가 싸우지만 역부족입니다.

에인션트 원이 나타나 케실리우스 일당과 붙습니다. 이때 에인션트 원의 이마에 다크 디멘션의 힘을 빌린 표식이 나타납니다. 에인션트 원은 케실리우스의 칼에 찔립니다. 스트레인지가 크리스틴에게 데려가지만 에인션트 원은 죽음을 선택합니다.

멀티버스에서는 공간 이동이 가능합니다. 스트레인지가 크리스틴에게 가는 공간 이동은 뉴욕 안에서 일어납니다. 슬링 링을 이용해 포털을 열죠. 스트레인지는 에베레스트산에서도 슬링 링으로 포털을 열고 카마르 타지로 돌아옵니다. 역시 지구 안에서 공간 이동입니다.

멀티버스는 디멘션들 사이에서도 이동이 가능합니다. 스트레인지와 케실리우스는 뉴욕에서 미러 디멘션으로 이동합니다.

한 디멘션에서 다른 디멘션으로 이동하는 방법은 여럿입니다. 닥터 스트레인지는 슬링 링을 씁니다. 다른 MCU 영화들을 보면 스페이스 스톤, 소울 스톤, 양자 터널, 핌 입자, 능력자, 드림워크도 디멘션 이동 수단입니다.

〈닥터 스트레인지: 대혼돈의 멀티버스〉에는 아메리카 차베즈가 디멘션 이동 능력을 가진 능력자로 나옵니다.

또 꿈이 다른 우주에서 실제로 일어나는 일이기 때문에 드림워크, 곧 꿈 작업이 우주를 옮겨다니는 수단이 됩니다. 프로이트가 깜놀할 일입니다. 프로이트는 꿈이 인간의 무의식 세계를 알려준다고 봅니다. 무의식 세계도 하나의 우주, 디멘션으로 볼 수 있겠습니다.

시간 되풀이

다크 디멘션이 지구에 다가옵니다. 닥터 스트레인지는 케실리우스가 파괴한 홍콩 생텀에 도착해 아가모토의 눈으로 시간을 되돌립니다. 죽은 윙과 마법사들을 살려내고 파괴된 건물들을 복구합니다.

"도르마무,
거래를 하러 왔다."

닥터 스트레인지는 다크 디멘션으로 이동해 아가모토의 눈을 잠시 조작한 뒤 도르마무에게 말합니다. 도르마무는 스트레인지를 죽여 버립니다. 스트레인지가 돌아와 말합니다.

"도르마무,

거래를 하러 왔다."

똑같은 사건이 계속 일어납니다. 닥터 스트레인지가 아가모토의 눈으로 일정한 시간이 되풀이되는 마법을 걸어두었기 때문입니다. 아가모토의 눈이 지닌 타임 루프라 부르는 능력입니다.

죽여도 죽여도 살아 돌아와 똑같은 말을 하자 도르마무가 정신줄을 놓을 지경에 빠집니다. 도르마무가 두손 두발 다 들고 케실리우스 일당과 함께 지구에서 철수합니다.

복잡하죠? 정리해 보겠습니다. MCU가 보여주는 새 공간은 멀티버스입니다. 멀티버스는 디멘션이 다양합니다. 다크 디멘션, 미러 디멘션, 아스트랄 디멘션 등등입니다. 멀티버스는 디멘션들 사이에서 이동도 가능합니다. 슬링 링으로 포털을 열어 실제로 이동할 수도 있고 드림워크로 다른 우주에 있는 자신의 버전에 빙의할 수도 있습니다.

상상 속에 있던 뻥이 스크린 속에 있는 이미지로 바뀌었습니다. 영화 이미지는 멀티버스라는 새 공간을 창출하는 능력이 있습니다. 영화 이미지는 시간 되풀이도 가능합니다.

상상을 현실화하는 것이 관념론입니다. 관념론은 물체가 아니라 정신이 실체라고 보는 세계관입니다. 실체는 스스로 있는 것입니다. 관념론에 따르면 정신이 스스로 있고 물체는 정신에 의존해 있습니다.

멀티버스와 시간 되풀이는 상상입니다. 〈닥터 스트레인지〉는 상상을 이미지로 현실화합니다. 상상이 스스로 있는 실체이고 영화 이미지는 상상에 의존해 만들어진 것입니다. 멀티버스와 시간 되풀이는 관념론의 세계관입니다. 관념론의 또 한 가지 슬로건입니다.

"상상은 이루어진다."

8

〈파리 퐁다시옹 루이비통〉

"기호"(소쉬르)

그림 8. 파리에 있는 퐁다시옹 루이비통 전경 ⓒ 김성환

기호

기호 = 기표 + 기의

프랑스 언어학자 소쉬르의 말입니다. 오늘의 철학 한 마디입니다.

저는 파리에 있는 퐁다시옹 루이비통에 가서 소쉬르의 말을 떠올렸습니다. 퐁다시옹 루이비통이 오늘의 장소 한 컷입니다.

퐁다시옹 루이비통은 루이비통 재단 미술관입니다. 이 미술관에 루이비통 가방은 갤러리에 있는 비싼 에코백과 파우치 말고는 없었습니다.

파리에서 불탄 노트르담 성당을 보고 불탄 남대문이 떠올랐습니다. 그러나 건재한 에펠탑과 참신한 퐁다시옹 루이비통을 보고 위로받았습니다. 퐁다시옹 루이비통은 12개의 돛을 형상화한 건축입니다. 독특하고 아름답습니다.

회전의자

퐁다시옹 루이비통에서 스위스 태생 프랑스 건축가 르 코르뷔지에를 만났습니다. 르 코르뷔지에는 모더니즘 건축의 대가입니다. 모더니즘 건축은 화려한 장식 대신 기능을 중시합니다.

"우리는 쿠션에 자수를 놓지 않습니다."

르 코르뷔지에가 면접 보러 온 샬로트 페리앙을 돌려보내며 한 말입니다. 르 코르뷔지에는 페리앙이 작품을 낸 전시회에 가서 뒤늦게 재능을 알아보고 건축 사무실로 모셔 가구 디자인을 맡겼습니다. 페리앙은 같은 사무실에서 일한 르 코르뷔지에의 사촌 동생, 피에르 잔느레와 결혼했습니다.

회전의자 LC7은 르 코르뷔지에, 페리앙, 잔느레의 공동 작품입니다. 1928년에 나왔습니다.

르 코르뷔지에는 기능과 실용을 중시하는 모더니즘 건축의 개척자이고 도시 재개발에도 모더니즘 기법을 도입했습니다. 그가 만든 "파리 계획안"은 도심에 녹색 지대를 90% 이상으로 넓히고 300만 시민은 외곽에 살면서 자동차로 시내에 들어오는 것이었습니다.

실현되지 않았습니다. 그러나 르 코르뷔지에의 도시 재개발 계획은 2차 대전 후 여러 나라에서 대도시 외곽이나 신도시에 아파트들이 들어서게 했습니다.

소쉬르의 눈으로 보면 회전의자도 기호입니다. 기표와 기의를 가지고 있기 때문입니다. 기표는 기호의 표현, 기의는 기호의 의미입니다. 회전의자의 기표는 검은색, 둥근 모양, 철제 다리 등입니다. 회전의자의 기의는 간편하게 앉는 물건입니다.

"의자는 건축이고 소파는 부르주아다."

르 코르뷔지에의 말입니다. 소파가 부르주아인 이유는 귀족에게 필요한 고급 물건이기 때문입니다. 의자가 건축인 이유는 시민에게 필요한 비싸지 않은 물건이기 때문입니다.

회전의자 = 둥근 모양 + 시민이 간편하게 앉는 곳

회전의자는 기표와 기의가 있는 기호입니다.

피카소

퐁다시옹 루이비통에는 피카소의 그림도 있습니다. 기표는 여성이 소변을 보는 겁니다. 기의는 무엇일까요?

많은 여성이 피카소 앞에서 옷 벗고 있었을 겁니다. 피카소의 그림을 보는 우리는 피카소 앞에 옷 벗고 있는 여성을 봅니다. 우리가 피카소처럼 소변 보는 여성을 보고 있다고 생각해 보십시오. 기의는 성희롱입니다.

기의가 "여성의 몸은 아름답다"일 수도 있습니다. 성희롱이든 아름답다든 기의는 있습니다. 그래서 피카소의 그림도 기표와 기의를 갖춘 기호입니다.

사물이 기호라는 게 왜 중요할까요? 우리가 사는 세상은 기표와 기의 중에 기표를 중시합니다. 사람을 보면 얼굴부터 보지 않습니까. 그 사람의 생각은 나중이고요. 얼굴은 기표, 생각은 기의입니다.

퐁다시옹 루이비통에서 기표를 중시하는 세상을 보았습니다. 루이비통 가방을 원하는 사람들도 기표를 중시합니다. 가방의 기의는 지갑, 화장품 같은 물건을 담는 것인데 이 기의가 몇 백만 원까지 비쌀 필요는 없습니다.

싸구려 가방과 다른 모노그램 패턴이 루이비통 백의 기표입니다. 이 기표가 루이비통 백에 명품이라는 이름을 붙여줍니다. 사람들은 루이비통 백의 기표를 소비합니다.

관념론은 정신, 마음이 물체, 몸보다 우선이라는 세계관입니다. 기표의 소비는 남들과 차이를 추구하는 마음에서 비롯합니다. 루이비통 백을 들고 싸구려 백을 든 사람들과 달라 보이고 싶은 욕망이 기표를 소비하게 합니다. 기표 소비는 관념론의 세계관입니다.

9

〈동두천 경기북부어린이박물관〉

"존재하는 것은 지각되는 것"(버클리)

그림 9. 동두천 경기북부어린이박물관 메인홀에 있는 브라키오사우루스 모형 ⓒ 김성환

아기의 색 지각

갓 태어난 아기에게는 세상 모든 것이 뿌옇게 보입니다. 아기의 눈이 초점을 맞출 줄 모르기 때문입니다. 한 달쯤 지난 아기는 약 30cm 떨어져 있는 물체에 초점을 맞추고 응시할 수 있습니다. 더 가까이 또는 더

멀리 있는 물체는 초점을 맞출 수 없습니다.

생후 2개월이 된 아기는 빨간색과 초록색을 구별하고 그 후 파란색과 노란색도 구별합니다. 색을 보려면 눈의 망막에 있는 원뿔세포들이 성숙해야 하고 이 원뿔세포들이 보내는 색 정보를 처리하는 뇌 회로도 발달해야 합니다.

어른은 100만 가지의 색을 구별합니다. 색 이름을 붙이진 못해도 서로 다르다고 구별할 수 있는 색이 100만 가지나 된다는 뜻입니다. 봄이 오고 산에 녹색이 들면 우리는 서로 다른 녹색 10가지를 쉽게 구별할 수 있습니다.

동두천에 있는 경기북부어린이박물관에 갔습니다. 마당부터 어린이들이 좋아하는 선명한 색들이 보였습니다. 오늘의 장소 한 컷입니다.

존재하는 것은 지각되는 것이다

눈은 유일하게 노출된 뇌입니다. 뇌는 뉴런이라 부르는 신경세포들의 집합이고 눈은 망막까지 신경세포가 뻗어 있습니다. 그러니까 눈은 뇌의 연장입니다. 눈이 보낸 정보를 뇌가 처리해야 색도 보이고 모양도 보이고 크기도 보입니다. 눈이 아니라 눈을 포함한 뇌가 사물을 본다고 해야 정확합니다.

뇌가 사물을 본다고 하니까 재조명을 받는 아일랜드 철학자가 있습니다. 성공회 주교이기도 한 버클리입니다.

"존재하는 것은 지각되는 것이다."

버클리의 유명한 말이며 오늘의 철학 한 마디입니다. 사람이 지각하지 않으면 사물도 없다는 뜻입니다.

뉴턴은 색을 빛의 물리 속성으로 봅니다. 그는 백색광이 프리즘을 통과하면서 꺾이는 정도에 따라 여러 색이 나타난다고 실험으로 보여줍니다.

그러나 버클리에게는 색도 우리가 지각하지 않으면 없습니다. 색은 지각하는 우리의 마음속에 있을 뿐입니다.

현대 과학에서 사물의 색은 그 사물이 흡수하지 않고 반사하는 빛이 망막의 원뿔세포를 자극하고 이 자극이 신경 회로를 통해 뇌로 전달되어야 결정됩니다. 색은 사물뿐 아니라 뇌도 있어야 결정됩니다.

색은 단순히 사물이나 빛의 물리 성질이 아니라 눈과 뇌의 작용도 더해져야 생기니까 뉴턴과 버클리를 합쳐야 색을 이해할 수 있다는 말이

김성환의 철학 한 컷

나옵니다.

사물, 빛, 눈, 뇌는 모두 물질입니다. 그래서 이들이 합작해 만드는 색도 물질의 성질입니다.

"존재하는 것은 지각되는 것이다"는 버클리의 말은 모든 사물이 우리 머릿속에 관념으로 있고 색도 우리 머릿속에 관념으로 있다는 뜻입니다. 모든 사물과 색이 관념으로만 있다는 뜻에서 버클리의 말은 관념론의 세계관을 보여줍니다. 있는 것은 관념뿐이라는 세계관은 관념론입니다.

관념론 박물관

경기북부어린이박물관에 실물은 별로 없습니다. 모조품이 많습니다. 어린이들이 실물보다 색과 모양이 뚜렷한 모조품에 더 잘 반응하기 때문인 듯합니다.

"찬란한 숲"이라는 동영상도 숲의 실물 사진에 찬란한 색들을 입힌 동영상입니다. 봄, 여름, 가을, 겨울의 숲이 분홍, 초록, 빨강, 하양으로 채색되어 찬란하게 보입니다.

모조품은 실물을 본뜬 것이지만 실물과 똑같지 않은 것도 많습니다. 이

때 모조품은 제작자가 원하는 관념을 구현합니다. 경기북부어린이박물관은 실물과 다르고 관념을 구현한 모조품이 많은 관념론 박물관입니다.

유아론

버클리에 따르면 모든 사물은 내가 지각하지 않으면 없습니다. 내가 죽어도 해와 달은 있을 겁니다. 그러나 버클리에게 죽으면 해와 달은 없습니다. 버클리가 해와 달을 지각하지 못하기 때문입니다.

그러니까 존재하는 것은 지각되는 것이라는 말은 누구한테 존재하는 것이냐가 문제입니다. 답은 나입니다. 나에게 존재하는 것은 나에게 지각되는 것이라는 말이 됩니다.

유아론이라 불리는 세계관입니다. 유아는 어린이라는 뜻이 아닙니다. 오직 나라는 뜻입니다. 오직 내가 모든 것의 기준입니다. 존재하고 부재하는 것도 내가 기준이고 옳고 그른 것도 내가 기준입니다.

유아론은 틀린 세계관으로 보이지만 반드시 그렇진 않습니다. 버클리가 유아론을 대표합니다. 내가 옳다면 옳다는 말은 동의할 사람이 많지 않겠지만 내가 없으면 아무것도 없다는 말은 동의할 사람이 많습니다. 유아론은 극단이긴 하지만 틀린 세계관은 아닙니다.

74

10

〈버지니아주 루레이 동굴〉

"이데아" (플라톤)

그림 10. 미국 버지니아주 셰넌도어국립공원에 있는 루레이 동굴에서 유명한 "생선 가게"
ⓒ 김성환

동굴의 비유

미국 버지니아주 셰넌도어국립공원에 있는 루레이 석회동굴에 갔습니다. 오늘의 장소 한 컷입니다. 1시간쯤 돌아본 인상은 앞으로 더 나은 석회동굴은 볼 수 없겠다는 것이었습니다.

잘 꾸며 놓았습니다. "생선 가게", "토템 기둥", "대성당"이라 이름 붙인 종유석들이 인상 깊었습니다.

직업병인지 고대 그리스 철학자 플라톤의 동굴의 비유가 생각났습니다. 인간은 동굴에 갇힌 죄수와 같다는 비유입니다. 죄수는 동굴에 갇혀 벽 쪽으로 앉아 불빛으로 동굴 벽에 비친 바깥세상만 볼 수 있습니다. 모두 실물이 아니라 그림자입니다.

플라톤은 인간이 눈, 코, 귀, 혀, 살로 얻는 감각은 그림자라고 봅니다. 실물은 이데아라 부릅니다. 이데아는 이성으로 알 수 있습니다. 이데아가 오늘의 철학 한 마디입니다.

루레이 동굴은 워낙 크고 특이한 석회동굴이어서 정말 이 동굴에서 태어나고 살면 바깥세상이 다르다는 것은 꿈도 꾸지 못할 듯합니다. 아예 바깥세상이 있는지도 모를 수 있습니다.

이데아

루레이 동굴에는 유명한 종유석, "생선 가게"가 있습니다. 길쭉한 물고기들을 늘어놓은 모습입니다.

플라톤은 감각이 그림자, 실물은 이데아라고 합니다. 생선도 우리가

김성환의 철학 한 컷

눈으로 보는 길쭉한 모습은 그림자이고 생선의 이데아가 따로 있습니다. 생선의 이데아는 이성으로 생각해야 알 수 있습니다.

등뼈로 물속에서 몸이 찌그러지는 것을 막고, 비늘로 짠 바닷물이 삼투해 몸을 터뜨리는 것을 막으며, 아가미로 호흡하는 것 등등이 이성으로 알 수 있는 생선의 이데아입니다.

루레이 동굴의 생선 가게에 있는 생선들은 생선의 이데아처럼 보입니다. 늘 반짝이며 썩지도 않는 생선의 변함없는 완전체처럼 보입니다.

이데아는 아이디어라 부르는 말의 그리스어입니다. 아이디어는 머릿속에서 나오죠. 이데아도 머릿속에 있습니다.

아이디어는 굳이 우리말로 옮기면 관념입니다. 그러니까 플라톤은 우리 머릿속에 있는 관념을 실물로 봅니다. 이데아를 실물로 보는 플라톤의 세계관은 관념론의 원조입니다.

야생곰과 인간의 이데아

루레이 동굴이 있는 셰넌도어국립공원에서 야생 흑곰을 보았습니다. 열심히 먹이를 찾는 모습이었습니다. 관광객이 많이 지나다녀서 사람들에겐 신경 쓰지 않았습니다.

야생 흑곰도 이데아가 있습니다. 잡식이지만 과일, 풀, 곤충, 꿀을 주로 먹고 반달가슴곰과 공동 조상을 가지며 그 지역 생태계의 최상위자라는 것이 흑곰의 이데아입니다.

흑곰의 천적은 인간입니다. 미국과 캐나다에서도 흑곰의 쓸개를 불법으로 채취하는 일이 있다고 합니다. 이런 인간의 이데아는 뭘까요?

플라톤은 인간의 이데아가 이성이라고 봅니다. 몹쓸 인간도 이성을 지닙니다. 이성을 잘 쓰지 못해 몹쓸 짓을 하지만요.

인간의 이데아가 이성을 발휘하는 것이라는 말은 인간의 가장 바람직한 모습을 의미합니다. 일상생활에서 우리는 퍼펙트하게 살기 어렵습니다. 그러나 인간은 완성을 지향할 수 있습니다.

주윤발의 명화 〈영웅본색〉의 영어 제목은 "더 나은 내일(A Better Tomorrow)"입니다. 내일은 오늘보다 조금이나마 더 인간답게 이성을 발휘하는 삶이 플라톤의 요구입니다.

3

기계론

11

〈과천 서울대공원동물원〉
"동물은 자동 장치"(데카르트)

그림 11. 서울대공원동물원에 있는 엄마 침팬지와 아기 침팬지 ⓒ 김성환

제인 구달, 다이앤 포시, 비루테 갈디카스

동물원에서 관람객이 한 동물 앞에 머무는 시간은 평균 30초도 되지 않는다고 합니다.

사람이 30초 동안 남들에게 보여줄 수 있는 모습은 얼마나 될까요? 30초짜리 광고에는 열 가지 이상의 장면이 담기기도 합니다. 그러나 일상생활에서 30초는 금방 지나갑니다. 밥 먹으려고 첫술을 떼기만 해도 지나가죠.

동물원의 주인은 동물입니다. 동물원은 동물들이 일상생활을 하는 곳이죠. 어쩌다 동물이 특별한 모습을 보이면 운 좋다고 생각해야 합니다. 그나마도 30초 관람으로는 어림없습니다.

영국 고고학자 리키는 아프리카 탄자니아의 올두바이 협곡에서 원시 인류의 화석을 발굴했습니다. 리키는 인류의 조상이 누군지 알기 위해서는 살아 있는 유인원들도 연구해야 한다고 생각했습니다.

리키는 현장 연구에 여성이 적합하다고 생각하고 기금을 마련해 세 명의 여성을 후원합니다. 제인 구달, 다이앤 포시, 비루테 갈디카스입니다.

침팬지를 맡은 구달은 아프리카 곰베 침팬지 보호구역에서 10년, 고릴라를 맡은 포시는 르완다 산림에서 18년, 오랑우탄을 맡은 갈디카스는 인도네시아 보루네오에서 40년 지냅니다. 아직 보노보는 새 유인원 종으로 인정받지 못한 때입니다.

과천에 있는 서울대공원동물원에 가서 유인원들 앞에 죽치기를 해보
세요. 오랑우탄을 보면 볼살이 얼마나 처졌는지 살펴보세요. 나이가 들
수록 많이 처져요. 오랑우탄이 실내 사육장에서 무엇을 가지고 어떻게
노는지도 살펴보세요. 저는 오랑우탄이 줄무늬 반팔 셔츠를 입었다 벗
었다 하며 노는 걸 본 적이 있습니다.

고릴라 콧등에서 주름을 살펴보세요. 사람의 지문처럼 고릴라마다 콧
등 주름이 다르다고 합니다. 침팬지들이 털 고르기를 하는지, 털 속에서
벌레를 찾아 먹기도 하는지, 무엇을 가지고 노는지 살펴보세요.

유인원들도 많이 놀아야 정상으로 살 수 있어요. 한 가지 행동 또는
비슷한 일련의 행동을 되풀이하는지도 살펴보세요. 이런 행동은 비정상
이에요. 밀림이 아니라 초미니 우리에 갇혀 오래 살면 나타납니다. 정형
행동이라 부릅니다.

자동 장치

데카르트는 철학자로 알려져 있지만 그 시절 철학은 자연과학도 포함
하는 것이어서 과학자이며 의사이기도 합니다. 관성운동의 궤도가 직선
이라는 물리학 법칙은 데카르트가 발견합니다.

또 데카르트는 독특한 생리학을 만들어 인간과 동물의 몸에서 일어나

는 일을 설명합니다. 인간의 몸과 동물은 기계, 자동 장치라는 것이 데카르트 생리학의 핵심 내용입니다. 동물은 자동 장치가 오늘의 철학 한 마디입니다.

데카르트에 따르면 인간은 몸과 영혼을 모두 가지지만 동물은 영혼이 없고 몸만 있습니다. 감각이나 감정은 뇌가 있어야 가질 수 있고 동물도 신경세포들의 집합인 뇌가 있습니다. 그래서 동물은 감각이나 감정을 가질 수 있지만 감각이나 감정을 의식할 수 없습니다.

데카르트의 눈으로 보면 예를 들어 개는 바늘로 찌르면 몸을 움찔하지만 아프지는 않습니다. 마치 우리가 치과에서 마취하고 드릴로 이를 갈면 얼굴 근육이 경직되거나 "끄응" 하고 신음하지만 아프지 않은 것과 같습니다. 얼굴 근육이 경직되거나 신음하는 것은 생리학에서 고통 반응이라 하지만 의식되지 않는 고통 반응입니다.

데카르트에겐 침팬지도 개와 다르지 않습니다. 침팬지도 영혼이 없기 때문에 고통을 의식할 수 없습니다.

저는 서울대공원동물원에서 수컷 침팬지가 손으로 자기 똥을 받아 입으로 먹는 모습을 본 적이 있습니다. 오늘의 장소 한 컷입니다.

관람객이 기겁하며 소리를 질렀습니다. 침팬지와 고릴라에게는 자기 배설물을 먹는 습성이 있습니다.

여러 가지 이유가 있다고 하는데요. 먹이가 충분하지 않아서일 수도 있고, 배설물에서 영양분을 충분히 뽑아내려는 행동일 수도 있습니다. 소화를 돕는 박테리아와 효소를 재활용하는 행동일 수도 있어요.

동물학자들은 야생 동물을 연구할 때 배설물을 중시합니다. 이동 경로, 먹이, 건강 상태 등등을 알려주기 때문이죠. 포시가 고릴라 똥을 수집하는 모습을 본 수컷 우두머리 은색등 고릴라는 포시에게 손으로 자기 똥을 한 무더기 선물한 적도 있습니다.

침팬지는 자기 배설물의 냄새가 역겹지 않을까요? 데카르트의 말처럼 침팬지가 영혼이 없어서 감각을 의식할 수 없다면 냄새가 역겹지 않을 수도 있습니다. 그러나 알 수 없습니다. 침팬지는 배설물 냄새를 사람과 똑같이 의식해도 역겨워하지 않을 수 있습니다.

채식주의자들이 육식을 잔인한 것으로 여기는 핵심 이유는 동물도 고통을 의식한다고 보기 때문입니다. 닭, 돼지, 소가 도살당할 때 고통을 느낀다고 상상해 보면 육식을 하는 사람도 마음 한구석이 불편할 겁니다.

그러나 데카르트는 동물이 몸만 가지고 영혼이 없기 때문에 고통의 감각도 의식할 수 없다고 봅니다. 그는 동물, 특히 개를 많이 해부한 의사이고 그 시절엔 마취제가 없었기 때문에 개의 팔다리를 나무 테이블에 못 박아 놓고 생체로 해부했습니다. 덕분에 그는 현대 동물 보호론자들에게 공공의 적입니다. 그러나 데카르트는 적어도 동물이 아픔을 의식할 수 없다고 믿었기 때문에 생체로 해부했습니다.

동물이 몸만 가진 자동 장치라는 데카르트의 견해는 기계론의 세계관입니다. 데카르트의 기계론은 몸과 물체의 본성을 연장으로 봅니다. 조폭 형님들이 쓰는 흉기가 아닙니다.

연장은 길이, 너비, 깊이를 가진 것입니다. 데카르트는 연장을 가진 물체의 운동으로 인간을 제외한 나머지 모든 자연현상을 설명합니다. 돌도 나무도 동물도 자동 장치, 곧 기계입니다.

거울 테스트와 마음 읽기 능력

동물이 자기에 대한 앎을 가지는지 연구할 때 가장 널리 쓰이는 방법은 거울 테스트입니다. 거울 테스트는 동물이 잠들어 있거나 마취된 사이에 얼굴이나 몸 부위에 잘 드러나는 표시를 하고 깨어난 뒤 거울에 자기 얼굴이나 몸 부위를 비추어 보는지 검사하는 것입니다.

김성환의 철학 한 컷

인간 어린이는 보통 18~24개월 사이에 거울에 비친 모습이 자기인 줄 압니다.

침팬지, 고릴라, 오랑우탄, 보노보 등 유인원도 이 테스트를 통과한다고 알려져 있습니다. 침팬지는 거울을 보며 자기 이빨 사이에 낀 음식 찌꺼기를 빼냅니다.

그러나 개코원숭이, 여우원숭이 등 원숭이들은 대부분 거울에 자기 모습이 비치면 남인 줄 알고 어르렁거리거나 공격합니다. 어린이도 보통 18개월 전에는 거울을 보고 자기 얼굴에 초콜릿이 묻었는지 알지 못합니다.

포시가 고릴라들을 흉내 내서 친해집니다. 나뭇잎을 씹고 우거지상을 하고 머리를 긁습니다. 포시는 은색등 고릴라 디짓의 무리와 가까워지자 위험한 행동을 하고 맙니다.

포시가 자기 가슴을 두 손으로 두들깁니다. 그러자 디짓이 갑자기 씩씩거리며 포시에게 다가옵니다. 포시는 뒤로 돌아 머리를 조아리며 복종하는 자세를 취합니다. 디짓이 그냥 지나갑니다.

디짓이 가슴을 두드리는 포시의 마음을 읽을 수 있을까요? 고릴라,

특히 은색등 고릴라는 싸울 때 가슴을 두드립니다. 말하자면 고릴라에게 가슴을 두드리는 행동은 '싸우자, 덤벼라!'는 뜻입니다. 디깃이 포시가 가슴을 두드릴 때 '싸우자, 덤벼라!'는 의도를 읽을까요?

우리는 포시가 '싸우자, 덤벼라!'는 의도를 가지고 있지 않다는 것을 압니다. 오히려 포시는 '친하게 지내자!'는 의도로 고릴라의 행동을 흉내 냅니다. 디깃도 우리처럼 '친하게 지내자!'가 포시의 참의도라는 것을 알고 그냥 지나갈까요?

디깃은 '싸우자, 덤벼라!' 또는 '친하게 지내자!'는 포시의 마음을 읽었기 때문에 씩씩거리며 다가가거나 그냥 지나간 것이 아닐 수 있습니다. 디깃은 '가슴을 두드리는 녀석이 있으면 공격하라!'는 행동 규칙이나 '등을 돌리고 머리를 조아리면 공격하지 말라!'는 행동 규칙에 따랐을 뿐인지도 모릅니다.

'싸우자, 덤벼라!' 또는 '친하게 지내자!'라는 포시의 의도를 읽는 능력이 없어도 됩니다. 상황에 따른 행동 규칙들만 있으면 고릴라는 마치 남의 욕망이나 의도를 읽는 것처럼 행동할 수 있습니다. 그렇다면 고릴라에게는 마음 읽기 능력이 없습니다.

열 길 물속은 알아도 한 길 사람 속은 모른다는 말이 있습니다. 한 길 사람 속은 알아도 한 치든 한 길이든 열 길이든 동물 속은 모른다는 말도 나올 법합니다. 사람은 내 속을 보면 남의 속도 알 수 있지만 개나 소나 고릴라가 되어볼 수 없는 한 동물 속은 알 수 없다는 뜻입니다.

그러나 동물 속을 아는 일이 완전 불가능하다면 동물의 마음을 연구하는 과학도 있을 수 없습니다. 유인원의 마음도 시간이 지나고 과학이 계속 연구하면 좀 더 많이 알 수 있습니다.

구달, 포시, 갈디카스 이전에는 침팬지, 고릴라, 오랑우탄에 대해 아는 게 별로 없었습니다. 세 여성 과학자에게 존경을 표합니다.

12

〈일산 디지털미디어테크쇼〉

"기술과 인간의 앙상블"(시몽동)

그림 12. 일산 킨텍스 디지털미디어테크쇼에 전시된 자율주행 순찰로봇
ⓒ 김성환

기계의 바다

인간과 기계가 싸우는 영화가 많이 있습니다. 인간이 지는 영화는 드뭅니다. 인간의 자존심 때문이죠. 기계는 인간이 만들었으니 사람 하기 나름이라는 생각이 퍼져 있습니다.

일산 킨텍스 디지털미디어테크쇼에 갔습니다. 오늘의 장소 한 컷입니다. 기계의 바다에 빠져 있는 느낌이 들었습니다.

프랑스 철학자 시몽동은 "기술과 인간의 앙상블"을 말합니다. 오늘의 철학 한 마디입니다.

기술과 인간이 어울려 앙상블을 이룰 수 있다면 기계와 인간이 싸우고 전쟁하는 일도 없을 겁니다. 문제는 어떻게 기술과 인간의 앙상블이 가능하냐는 것입니다.

개체의 발생

시몽동은 기계뿐 아니라 모든 개체의 형성을 "발생"으로 설명합니다. 개체의 발생은 이전 개체의 내부 문제를 해결하는 답으로서 새 개체가 생긴다는 것입니다. 개체가 어떤 요소들의 결합으로 형성되는 게 아니라는 뜻입니다.

시몽동에 따르면 기계라는 개체의 형성도 발생입니다. 이전 기계의 내부 문제를 해결하는 답으로서 새 기계가 생깁니다.

기계가 이렇게 발생한다면 기계와 인간의 관계를 보는 눈이 달라집니다. 기계는 이전 기계에서 인간이 불편한 문제를 해결하는 답으로서 생깁니다. 새 기계는 인간의 불편함을 배제하지 않고 받아들인 결과입니다.

시몽동에 따르면 자동 로봇은 기계의 전형이 아닙니다. 자동 로봇은 인간이 필요 없는 닫힌 시스템입니다. 진정한 기계 개체는 생명체와 마찬가지로 외부 정보에 대한 감수성을 지닌 열린 시스템이며 따라서 인간도 배제하지 않아야 합니다.

시몽동의 눈으로 디지털미디어테크쇼를 살펴보았습니다. 자율주행 순찰로봇이 눈에 띄었습니다. 순찰하는 데 특화한 인공지능이 탑재되어 있는 로봇입니다. 병원, 제조 현장, 주차장, 대형 건물, 발전소, 공원에서 순찰, 안내, 환경 감시를 하는 로봇입니다.

그러나 시몽동에 따르면 순찰로봇은 닫힌 시스템입니다. 인간이 제어 소프트웨어를 입력해 세팅하면 인간 없이도 자율주행합니다. 그럼 열린 시스템인 기계는 어떤 것일까요?

기계는 소통

VR(가상현실) 영화관에 가서 VR 헤드셋을 쓰고 짧은 영화를 감상했습니다. 지구와 달이 생긴 때부터 직립한 아파렌시스 피테쿠스가 진화하고 원시 부족이 신화를 믿는 등 지구와 생명과 인류의 역사를 그린 영

김성환의 철학 한 컷

화였습니다.

공룡 발자국 소리가 들려 제가 고개를 왼쪽으로 돌렸더니 티라노사우루스가 나타나 눈앞을 지나 오른쪽으로 달려갔습니다. 초원에 직립한 털북숭이 아파렌시스 피테쿠스가 가족과 함께 살고 있습니다.

헤드셋이 말썽을 부렸습니다. 모니터 화면이 뜨는가 하면 VR 영화 대신 앞에 있는 사람들이 헤드셋 렌즈 너머로 보였습니다.

시몽동은 기계를 소통으로 봅니다. 기계는 인간과 자연의 관계를 매개하는 소통이고 인간과 인간의 관계를 매개하는 소통입니다. 기계가 발달할수록 인간과 자연, 인간과 인간은 더 소통할 수 있습니다.

미디어는 본래 간접 소통 수단입니다. 문자, 전신, 전화, TV, 인터넷, 인공위성이 모두 같은 시간, 같은 곳에 있지 않아도 정보를 전달해 주는 미디어, 간접 소통 수단입니다.

디지털미디어는 디지털 코드로 정보를 전달하는 전자 매체입니다. VR 영화관에서 영화 감상도 0과 1로 만들어진 이진 체계의 디지털 데이터를 저의 눈과 뇌가 전달받아 이루어집니다. 영화 감상이 원활하지 않은 것은 헤드셋과 뇌의 소통이 버벅거린 것일 뿐입니다. 기계와 인간의 소통이 원활하지 않지만 되고 있었습니다.

시몽동은 첨단 정보통신 기술 시대가 기술과 인간의 공존과 인간 사회의 진화를 높은 수준에서 실현할 수 있다고 봅니다.

시몽동은 기술이 발전하면 인간이 비인간화하고 자연을 망친다고 보지 않습니다. 첨단 기계의 발생은 높이 평가받아야 합니다. 인간과 자연, 인간과 인간, 인간과 기계가 소통해야 합니다. 융합의 시대입니다.

VR 강의실

직업이 직업이어서 온라인 강의 시스템 부스도 들렀습니다. 코로나19로 온라인 비대면 강의가 익숙해졌습니다.

온라인 강의 시스템은 VR 강의실을 만든다는 것이었습니다. 오프라인 강의실에서 강사가 바라보는 쪽에 TV나 모니터 2대를 띄워 학생들과 강사의 모습을 비춥니다.

부스에 있는 회사 직원에게 코로나19 시기에 이루어지고 있는 온라인 강의와 무엇이 다른지 물어보았습니다. 온라인 강의를 다시 VR 강의실에 띄울 수 있다는 대답을 들었습니다. 더 좋은 게 무엇인지 알기 어려웠습니다.

그러나 기계와 인간이 소통을 하는 건 분명해 보였습니다. 코로나19 시기에 텅 빈 대학 캠퍼스들을 많이 보았습니다. 온라인 강의가 없었다면 대학들과 대학생들은 망했을 겁니다.

기계와 인간의 소통, 기계를 바탕으로 한 인간과 인간의 소통이 코로나19 팬데믹을 극복하는 길이기도 했습니다.

13

〈제주 아트 서커스〉

"인간 기계" (라 메트리)

그림 13. 제주 아트 서커스에서 몸으로 묘기를 연출하는 모습 ⓒ 김성환

나폴레옹의 인간 기계 군대

인간도 기계라고 말한 철학자가 있습니다. 프랑스 철학자 라 메트리
입니다. 『인간 기계론』을 썼습니다. 인간을 기계로 보는 라 메트리의 시
선이 비정한 것 같지만 반전이 들어 있습니다. 모든 인간이 기계라면 차

별이 없어집니다. 인간 기계가 오늘의 철학 한 마디입니다.

프랑스 황제이며 군인 나폴레옹이 막강한 군대를 조직하는 데는 라 메트리의 인간 기계론이 영향을 미쳤습니다. 인간이 기계라면 태어날 때부터 지휘관은 없고 모든 군인이 똑같다고 볼 수 있습니다.

나폴레옹은 모든 군인을 인격으로 대우하고 일반인에게 개인 전투 능력을 기르는 각개전투 훈련을 처음 도입했습니다. 나폴레옹 군은 용감한 병사가 되었습니다. 그 후 유럽은 나폴레옹의 군대 모델을 따랐습니다.

인간을 특별한 존재로 보는 가톨릭은 라 메트리를 증오하고 박해했으며 그의 책들을 불태웠습니다.

제주에서 〈아트 서커스〉를 보았습니다. 중국 소녀, 소년들이 주로 몸을 사용해 묘기를 보여주었습니다. 아주 어린 소녀, 소년도 있어서 저 나이에 몸을 기계처럼 단련하려면 얼마나 고되었을까 싶어 안쓰럽기도 했습니다.

몸으로만 3층을 만들기도 하고 자전거 하나에 10명이 올라타기도 합니다. 소녀, 소년들이 아날로그 신체 묘기를 보여주는 제주 아트 서커스가 오늘의 장소 한 컷입니다.

인간 기계

라 메트리가 산 18세기에는 해부학이 발달합니다. 16세기에 벨기에 의학자 베살리우스는 시체를 해부해 인체 해부도를 그리며 해부학을 창시합니다. 17세기에 데카르트는 동물을 해부해 동물과 인간의 몸은 기계 또는 자동 장치라고 말합니다. 다만 인간은 몸뿐 아니라 영혼도 있으니까 몸만 있는 동물과 다르다고 봅니다.

라 메트리는 데카르트의 단서를 파기합니다. 몸이 없으면 영혼도 있을 수 없다고 말합니다. 라 메트리는 인간이 몸으로 감각하는 기계라는 점에서 동물과 다르지 않다고 봅니다.

라 메트리는 인간이 감각 기계일 뿐 아니라 생각 기계이기도 하다고 봅니다. 생각은 판단입니다. 인간이 판단하기 위해서는 두 관념을 비교해 새 관념을 도출해야 합니다. 두 관념을 비교하기 위해서는 기억이 필요합니다. 인간은 기억 속에 있는 두 관념을 비교해 새 관념을 도출하는 판단 기계, 생각 기계입니다.

그러나 라 메트리는 감각이 소멸하면 생각도 소멸한다고 말합니다. 몸으로 하는 감각이 없으면 비교할 관념도 생기지 않습니다. 라 메트리

김성환의 철학 한 컷

의 인간 기계는 인간이 다른 동물에 비해 감각 기계를 넘어 생각 기계이지만 감각 기계가 작동하지 않으면 생각 기계도 작동하지 않는다는 기계론의 세계관입니다.

기계 인간

기계체조는 올림픽 종목입니다. 체조에 기계, 즉 철봉, 평행봉, 평균대, 뜀틀 등을 사용한다고 해서 기계체조입니다. 기계도 총, 활, 사이클 등에 비하면 단순합니다. 기계체조는 아날로그 스포츠입니다.

그러나 기계체조는 사람 몸을 기계처럼 만들어서 표현하는 스포츠라는 오해가 널리 퍼져 있습니다. 실제로 기계체조 연기를 보면 사람이 아닙니다. 기계처럼 정확하고 초인적입니다. 인간 기계라는 인상이 듭니다.

라 메트리의 "인간 기계"가 현대에도 의미가 있는 이유는 "기계 인간"의 가능성을 시사하기 때문입니다. 인간이 감각 기계와 생각 기계라면 감각과 생각의 기능을 갖춘 기계는 기계 인간이라 부를 수 있지 않을까요?

"데카르트 테스트"라는 것이 있습니다. 기계가 생각할 수 있는지를 테스트하는 튜링 테스트의 원조입니다. 데카르트가 『방법서설』에서 설명한 테스트입니다.

말하는 기계가 있다고 생각해 봅시다. 이 기계는 낱말을 말할 뿐 아니라 낱말들을 조합해 말할 수도 있습니다. 게다가 우리가 이 기계의 어떤 부분을 건드리면 이 기계는 우리에게 무엇을 원하는지 묻습니다. 또 우리가 이 기계의 다른 부분을 건드리면 이 기계는 우리가 자기를 해친다고 소리 지릅니다. 이 기계가 우리의 말을 듣고 낱말들을 조합해 의미 있는 대답을 할 수 있을까요?

여기까지 데카르트 테스트입니다. 데카르트의 답은 "아니오"입니다. 우리가 말하는 기계에게 "나를 사랑해?"라고 물으면 기계는 "나는 너를 사랑해" 또는 "나는 너를 사랑하지 않아"라고 대답할 수 있을 겁니다. 말하는 기계는 낱말들을 조합해 말할 수도 있다고 했으니까요. 그럼 다음 물음들에는 기계가 대답할 수 있을까요?

"너를 사랑하는 나를 사랑해?"

"너를 사랑하는 나를 사랑하는 그를 사랑해?"

사람의 언어가 가진 핵심 특징들 가운데 하나는 문장 속에 문장을 넣는 겁니다. 그러면 물음은 엄청 길어질 수 있어요.

"너를 사랑하는 나를 사랑하는 그를 사랑하는

김성환의 철학 한 컷

다른 그를 사랑하는 또 다른 그를 사랑해?"

사람은 이런 물음에도 대답할 수 있습니다. 그러나 말하는 기계는 대답할 수 없습니다. 기계는 한정된 길이의 물음에만 대답할 수 있습니다. 말하는 기계는 사람처럼 모든 물음에 낱말들을 적절히 조합해서 대답할 수 없다는 것이 데카르트의 결론입니다.

현대 인공지능 연구자들은 데카르트의 결론에 도전하고 있습니다. 이 도전이 성공하면 스스로 생각하는 AI, 기계 인간이 탄생합니다.

"그럴 수도 있어요! 여러 사람들을 사랑하는 것도 가능해요."

챗GPT의 대답입니다. 적절하지 않습니다. "예스" 또는 "노"가 적절한 대답이니까요.

인간 기계와 기계 인간. 어느 쪽이든 융합입니다. 융합이 대세인 시대입니다. 융합이 창조와 발견의 길인 시대입니다. 인간 기계와 기계 인간도 창조와 발견의 길입니다. 도전해 볼 만합니다.

14

〈프라하 황금소로〉

"서로 떨어진 상태에서 작용하는 힘"(뉴턴)

그림 14. 체코 프라하 황금소로에서 소설
가 카프카가 1년 동안 사용한 파란색 외벽
작업실 ⓒ 김성환

카프카의 〈변신〉과 연금술

체코의 수도 프라하에는 볼거리가 많지만 제 눈에 띈 것은 황금소로
입니다. 오늘의 장소 한 컷입니다.

황금소로에는 체코의 국민 소설가 카프카가 1916년부터 1917년까지 1년 동안 집필한 작업실이 있습니다. 파란색 벽을 가진 작은 집입니다. 관람객이 바글바글합니다.

카프카는 소설 〈변신〉이 대표작입니다. 어느 날 아침 벌레로 변신한 사람 이야기입니다. 〈변신〉은 1915년에 나왔으니 카프카가 황금소로 작업실에서 이 책을 쓰진 않았습니다.

그러나 〈변신〉과 황금소로는 묘한 연결고리가 있습니다. 연금술입니다. 황금소로의 길 이름에 황금이 붙은 까닭은 이곳에 연금술사들이 살았기 때문입니다. 연금술은 돌을 금으로 만드는 마술입니다. 돌을 금으로 제련하는 연금도 변신입니다.

연금술사 뉴턴

기계론은 목적론을 대신합니다. 목적론은 세상 모든 일에 목적이 있다고 봅니다. 돌이 떨어지는 것은 지구 중심으로 향하는 것이 목적입니다. 이때 목적은 목표, 끝점입니다. 목적론의 대표자는 고대 그리스 철학자 아리스토텔레스입니다.

기계론은 인과관계만 인정합니다. 돌과 지구 사이에 서로 끌어당기는 중력이 원인이고 돌이 떨어지는 것이 결과입니다.

근대 기계론의 완성자는 17세기 영국 물리학자 뉴턴입니다. 뉴턴의 기계론은 독특합니다. 연금술의 신비한 성질을 받아들이는 기계론의 세계관이기 때문입니다.

1684년 8월 뉴턴은 영국 왕립 학회를 대표한 핼리의 방문을 받습니다. 핼리혜성의 발견자 핼리가 묻고 뉴턴이 대답합니다.

"태양을 향하는 인력이 행성과 태양 사이의
거리의 제곱에 반비례한다고 가정하면
행성의 궤도 곡선은 어떻게 될 것이라고 생각합니까?"

"타원이 될 것입니다.
내가 계산했습니다."

그러나 뉴턴은 계산한 종이를 찾지 못하고 다시 계산해서 보내겠다고 약속합니다. 뉴턴은 4개월 뒤 핼리에게 보낸 9쪽짜리 짧은 논문에서 타원 궤도가 두 초점 중 하나에 역제곱 힘의 중심을 가진다고 증명합니다. 이 논문이 씨앗이 되어 1687년 『자연철학의 수학 원리』의 원고 세 권이 탄생합니다.

뉴턴은 『자연철학의 수학 원리』에서 행성의 궤도 운동을 일으키는 힘이 지상 물체를 지구 중심 방향으로 끌어당기는 힘과 같다고 증명합니다. 천체 역학과 지상 역학을 통일하는 중력 법칙이라 부르는 업적입니다.

뉴턴 이전까지 약 2,000년 동안 과학계를 지배한 것은 아리스토텔레스주의입니다. 아리스토텔레스주의 과학은 천상계와 지상계를 엄밀히 구분합니다. 천상계는 완전하고 지상계는 불완전합니다. 그러나 뉴턴의 증명으로 완전한 천상계와 불완전한 지상계의 구분이 무너집니다. 행성도 돌도 똑같은 중력으로 움직이니까요. 이를 과학 혁명이라 부릅니다.

뉴턴의 전기를 쓴 과학사 연구자 웨스트폴에 따르면 계산 종이를 잃어버렸다는 뉴턴의 말은 거짓입니다. 뉴턴은 원고를 보관하거나 외부로 보내는 일에 매우 신중했고 그가 죽은 뒤 이 종이가 남아 있지도 않았기 때문입니다.

뉴턴의 연구 경력은 35년쯤 되고 그중 중력, 운동 법칙, 미적분 등 과학 성과를 발견하는 데는 5년이면 충분하고 나머지 30년은 연금술에 바쳤다는 연구 결과도 있습니다. 1,000°C가 넘는 가마 앞에서 속옷만 입고 불을 때는 모습이 뉴턴의 일상 패션입니다. 아마 뉴턴이 핼리를 만나기 전에도 불을 때고 있었을 겁니다.

시대를 대표하는 문화가 있습니다. 과학의 옛 이름인 자연철학이 대표 문화인 시대는 17세기입니다. 뉴턴과 더불어 케플러, 갈릴레오, 데카르트, 라이프니츠가 17세기 자연철학자들입니다. 16세기는 자연 마술의 시대입니다. 점성술, 연금술, 민간 의술이 자연 마술에 속합니다.

근대 초까지 명백한 성질과 신비한 성질을 구별하는 전통이 있었습니다. 명백한 성질은 감각기관으로 알 수 있는 성질입니다. 신비한 성질은 감각기관으로 알 수 없는 성질입니다.

자석이 쇠붙이를 끌어당기는 힘은 눈에 보이는 자석의 말발굽 모양이 아니라 눈에 보이지 않는 신비한 성질입니다. 어떤 약초가 설사를 낫게 하는 힘도 눈에 보이는 흰색이 아니라 눈에 보이지 않는 신비한 성질입니다.

뉴턴이 발견한 중력도 "서로 떨어진 상태에서 작용하는 힘"입니다. 오늘의 철학 한 마디입니다. 중력은 눈에 보이지도 않습니다. 그래서 중력은 신비한 성질로 여겨졌습니다.

뉴턴은 질량을 가진 두 물체 사이에 중력이 있듯이 질량을 가진 작은 물질 입자들 사이에도 힘이 있다고 생각했습니다. 그리고 이 힘의 작용을 바꾸면 돌을 금으로 만들 수 있다고 생각했습니다. 그 방법은 열을 가해 온도를 높이고 촉매를 넣는 것 등등입니다. 실패했습니다.

그러나 뉴턴은 연금술사였기 때문에 중력을 받아들이고 증명했습니다. 데카르트는 자연철학에서 자연 마술을 철저히 배제했습니다. 데카르트 시절에도 중력이 있다는 견해는 널리 퍼져 있었습니다. 그러나 데카르트는 신비한 성질을 배격했기 때문에 중력을 받아들이지 않았습니다.

중력 법칙의 발견으로 기계론을 완성한 뉴턴이 연금술사이기도 했다는 사실은 과학의 역사에서 눈에 띄는 아이러니입니다.

프라하 천문시계

프라하 구시청사에는 천문시계가 붙어 있습니다. 이 시계는 1410년에 처음 설치되었습니다. 큰 원판 안에 있는 작은 원판에 쓰인 12개의 기호는 황도 12궁도입니다. 양자리(Υ)부터 물고기자리($\mathcal{H}$)까지 12개의 별자리 그림입니다.

12개의 별자리는 점성술의 일부입니다. 점성술은 별로 점을 치는 자연 마술입니다. 점성술은 하늘에 있는 별들과 땅에 있는 인간들이 연결되어 있다고 봅니다. 프라하 천문시계도 시계가 작동을 멈추면 나쁜 일이 일어난다는 믿음을 바탕에 깔고 있습니다.

점성술은 연금술, 민간 의술과 함께 16세기를 대표하는 자연 마술입니다. 점성술에서 인간 사회에 영향을 미치는 별의 영향은 눈에 보이지 않는 신비한 성질입니다.

점성술은 기원전 3천 년까지 거슬러 올라가지만 16세기에 다시 활성화한 데는 이유가 있습니다. 16세기쯤이면 사람들은 자연을 더 이상 숭배와 공포의 대상으로 여기지 않고 조작의 대상으로 여기기 시작합니다.

자연을 조작의 대상으로 여기려면 자연이 인간에게 영향을 미칠 뿐 아니라 인간도 자연에 영향을 줄 수 있다고 생각해야 합니다. 점성술은 자연의 일부인 별들이 인간에게 영향을 준다고 봅니다. 그러면 인간은 자연에 거꾸로 영향을 미쳐 별들이 인간에게 주는 영향을 바꿀 수 있다고 생각합니다.

영국 철학자 베이컨은 실험을 사자의 꼬리를 비트는 것에 비유합니다. 사자의 꼬리를 비틀면 잠자는 사자의 코털 건드리는 것만큼이나 엄청난 결과가 생깁니다. 자연에 조작을 가하는 것이 실험입니다. 베이컨은 자연에 조작을 가해 원하는 결과를 얻는 자연 마술의 특성을 실험 방법으로 흡수합니다. 16세기 자연 마술은 17세기 자연철학의 탄생 배경을 이룹니다.

성 비투스 대성당

프라하성 안에 있는 성 비투스 대성당은 고딕 양식 성당의 모델입니다. 어마어마하게 큽니다.

내부로 들어가 보면 높이가 하늘을 찌릅니다. 고딕 성당에서 기둥들은 그리스 신전과 달리 건물 밖이 아니라 건물 안에 있습니다. 고딕 성당에서 기둥들의 기능은 육중한 무게를 지탱하는 것이 아닙니다. 영혼을 하늘로 떠받치는 것입니다.

성 비투스 대성당은 헤아릴 수 없이 높이 솟아오르려 합니다. 대성당의 솟아오르는 모습은 인간을 초월합니다. 인간이 결코 범접할 수 없습니다.

성 비투스 대성당에서 스테인드글라스와 장미창으로 들어오는 햇살을 맞으며 돌에 부딪혀 반사되는 파이프 오르간 소리를 듣는다고 상상합니다. 멀티미디어의 황홀함을 느낍니다. 중세 사람들이 연금술, 점성술, 민간 의술 등 자연 마술이 인정하는 자연과 우주의 신비한 성질에 빠져들 만합니다.

15

〈진안 구봉산〉

"모든 것은 기계다"(들뢰즈)

그림 15. 진안 구봉산 4봉과 5봉 사이에 있는 국내 최장 구름다리 ⓒ 김성환

들뢰즈라는 번개가 일었다

"들뢰즈라는 번개가 일었다.

아마도 어느 날 이 세기는

들뢰즈의 시대로 불릴 것이다."

프랑스 철학자 푸코가 1968년에 한 말입니다. 푸코는 동료 프랑스 철학자 들뢰즈가 20세기를 대표할 것이라고 말합니다. 적중합니다.

1995년 들뢰즈는 폐암으로 말조차 못 하고 침대에 누워 있는 지경에 이르자 산소호흡기를 스스로 떼고 아파트에서 투신자살합니다. 죽은 지 30년쯤 지난 21세기도 들뢰즈의 시대입니다.

산봉우리와 구름다리

들뢰즈는 프랑스 심리치료사이며 철학자 가타리와 함께 신체를 가진 모든 것이 기계라고 말합니다. "모든 것은 기계다"가 오늘의 철학 한 마디입니다.

신체를 가지지 않은 것은 기계가 아닙니다. 언어, 상상, 이념, 법은 책, 그림, 제도, 감옥 등으로 구현되지 않으면 신체가 없어서 기계가 아닙니다.

유방과 입도 신체가 있기 때문에 기계입니다. 유방은 젖을 생산하는 기계이고 입은 먹는 기계입니다.

진안 구봉산에 갔습니다. 봉우리가 9개여서 구봉산입니다. 4봉과 5봉 사이에 국내 최장 100m의 구름다리가 있습니다. 오늘의 장소 한 컷입니다.

산봉우리와 구름다리도 기계입니다. 신체가 있기 때문입니다. 또 산

봉우리와 구름다리는 서로 결합되어 있는 기계입니다.

들뢰즈는 모든 기계가 다른 기계와 이항 접속되어 있다고 말합니다. 기계는 혼자 있지 않습니다. 다른 기계와 연결되어 있습니다. 엄마의 유방도 아기의 입과 연결되어 있는 이항 기계입니다. 구봉산 구름다리도 봉우리와 연결되어 있는 이항 기계입니다.

어떤 기계와 접속할지는 욕망이 결정합니다. 먹으려는 욕망이 아기의 입을 엄마의 유방과 연결합니다. 구름 속을 걷고 싶은 욕망이 구봉산 봉우리를 구름다리와 연결합니다.

구봉산 기계

구봉산 9봉과 구름다리 넘어 멀리 푸른 용담호가 보입니다. 그 아래에는 농수를 용담호에 의존해 사는 논밭과 마을도 보입니다. 구봉산 기계입니다.

구봉산 기계는 9개의 산봉우리 기계, 구름다리 기계, 용담호 기계, 논밭 기계, 농부 기계로 구성됩니다.

들뢰즈는 배치라고 말합니다. 구봉산 기계에는 산봉우리, 구름다리, 용담호, 논밭, 농부라는 기계들이 배치되어 있습니다.

김성환의 철학 한 컷

구봉산 기계는 기계들을 따로 보면 이해할 수 없습니다. 함께 보아야 이해할 수 있습니다.

또 배치가 달라지면 기계도 달라집니다. 용담호를 막고 있는 용담댐이 무너지면 논밭은 물에 잠겨 용담호의 일부가 됩니다.

신체를 가진 모든 것이 기계라는 들뢰즈의 눈으로 보면 자연과 기계, 생물과 무생물, 자연과 문명의 구별은 무의미해집니다. 자연과 기계, 생물과 무생물, 자연과 문명은 함께 보아야 이해할 수 있고 배치가 달라지면 기계도 달라진다고 이해할 수 있습니다.

정상석

구봉산에서 가장 높은 봉우리는 9봉, 천왕봉입니다. 봉우리마다 1봉, 2봉...을 알리는 비석이 있습니다. 9봉에는 제법 큰 정상석이 있습니다.

정상석을 보면 함께 보이는 것이 여럿 있습니다. 정상석의 크기나 주변 데크, 정상으로 가는 길의 계단, 구름다리 등은 지자체의 재정을 보여줍니다. 구름다리는 지자체가 관광객을 끌어들이려는 노력을 보여줍니다.

등산객이 정상석과 함께 찍은 수많은 사진도 보입니다. 등산객이 정상석을 찍고 내려와 들러주길 기다리는 음식점도 보입니다.

정상석은 데크 기계, 계단 기계, 지자체 기계, 구름다리 기계, 등산객 기계, 사진 기계, 음식점 기계가 배치된 기계입니다. 등산객이 누구냐에 따라 어느 음식점에 들리기도 하고 지나치기도 합니다. 배치가 달라지면 음식점 사장님 표정이 달라집니다.

모든 것이 기계라는 들뢰즈의 세계관도 하나의 기계론입니다. 그러나 독특한 기계론입니다. 첫째, 들뢰즈의 기계는 생물도 포함합니다. 둘째, 기계들은 서로 연결되어 있습니다. 셋째, 배치가 달라지면 기계도 달라집니다.

들뢰즈는 기계가 무생물이고 따로 있고 변치 않는다는 이미지를 무너뜨립니다. 기계는 생물을 포함하고 함께 있고 변한다는 이미지를 대신 내세웁니다.

들뢰즈는 1968년 프랑스에서 일어난 5월 혁명을 높이 평가합니다. 드골 정부에 반발한 대학생들의 시위로 시작한 5월 혁명은 노동자들이 총파업으로 가담하면서 커집니다.

68혁명 또는 5월 혁명은 실패하지만 이때부터 평등, 환경, 성 해방,

　　　　　　　　　　　김성환의 철학 한 컷

인권, 동물보호 등을 외치는 진보 운동이 전 세계에 퍼지기 시작합니다. 들뢰즈는 68혁명을 다양한 욕망, 상상, 쾌락이 만개한 페스티벌로 봅니다.

그리고 들뢰즈는 철학에 혁명을 일으킵니다. 기계를 보는 눈을 바꿉니다. 여기서 그치지 않습니다. 온갖 철학 문제에 전통과 다른 답을 제시합니다. 우리는 들뢰즈가 변혁한 철학을 포스트모더니즘이라 부릅니다.

4

생명론

16

〈강릉 유리알 유희〉

"부드럽게 쓰다듬는 물결"(법정)

그림 16. 유리알 유희의 공예 재료
를 만들어 준 강릉 앞바다 ⓒ 김성환

부드럽게 쓰다듬는 물결

"바닷가의 조약돌을

그토록 둥글고 예쁘게 만드는 것은

무쇠로 된 정이 아니라

부드럽게 쓰다듬는 물결이다."

"모진 비바람에도 끄떡 않던 아름드리나무들이,
꿋꿋하게 고집스럽기만 하던 그 소나무들이
눈이 내려 덮이면 꺾이게 된다.
가지 끝에 사뿐사뿐 내려 쌓이는
그 가볍고 하얀 눈에 꺾이고 마는 것이다."

법정 스님의 말씀입니다. 부드럽게 쓰다듬는 물결이 오늘의 철학 한
마디입니다.

강릉 앞바다와 모래가 만든 공예 재료

강릉에는 유리알 유희라는 공예점이 있습니다. 유리로 만든 목걸이,
귀걸이, 반짝이 장식 등을 파는 곳입니다. 오늘의 장소 한 컷입니다.

재료는 칠성사이다, 암바사, 킨사이다, 진로소주, 펩시콜라, 금복주,
오란씨, 환타의 병들이 깨진 조각들입니다. 강릉 앞바다의 물결과 모래
가 오랫동안 깎고 쓰다듬어서 반들반들해진 유리 조각들입니다.

법정 스님의 말씀이 절로 생각납니다. 날카롭게 깨진 병 조각들을 그
토록 반들반들하게 만드는 것은 정이나 사포가 아니라 부드럽게 쓰다듬

김성환의 철학 한 컷

는 바닷물결입니다. 생명이 없는 유리도 변합니다. 깨지고 깎이고 반들 반들해집니다.

법정 스님의 말씀은 생명 없는 무생물도 생물처럼 보는 생명론의 세계관입니다. 법정 스님의 눈에는 자갈, 모래, 바닷물결, 눈, 병, 병 조각이 모두 부드럽게 쓰다듬고 반들반들하게 깎고 깎일 수 있는 생물로 보입니다. 법정 스님은 만물 생명론자입니다.

모든 것은 흐른다
"똑같은 강물에 들어가는 사람에게는
서로 다른 물결이 쳐오고
흩어지고 모이고 서 있다가 가 버리고
다가오고 멀어지고…."

고대 그리스 철학자 헤라클레이토스의 말입니다. 이 긴말을 후대 사람들이 짧게 정리했습니다.

"똑같은 물속에 두 번 들어갈 수 없다."

"모든 것은 흐른다."

모든 것은 변한다는 뜻입니다. 생물도 변하고 인간도 변하고 유리도 변하고 돌도 변합니다. 바닷물결은 거친 돌도 자갈로 만듭니다.

헤라클레이토스는 변하는 모든 것을 상징하는 이미지로 물이 아니라 불을 씁니다. 불은 태우기 때문에 물보다는 더 강렬하게 변화의 이미지를 표현할 수 있습니다.

더벅머리의 눈에서는 주르륵

법정 스님이 바닷가 조약돌과 눈이 나무를 해친다는 설해목을 말씀하신 전후에는 이런 말씀도 있습니다.

"해가 저문 어느 날,
오막살이 토굴에 사는 노승 앞에
더벅머리 학생이 하나 찾아왔다.
아버지가 써 준 편지를 꺼내면서
그는 사뭇 불안한 표정이었다.
사연인즉, 이 망나니를 학교에서고
집에서고 더 이상 손댈 수 없으니,
스님이 알아서 사람을 만들어 달라는 것이었다.
편지를 보고 난 노승은 아무런 말도 없이
몸소 후원에 나가 늦은 저녁을 지어왔다.

김성환의 철학 한 컷

저녁을 먹인 뒤 발을 씻으라고
대야에 가득 더운물을 떠다 주었다.
이때 더벅머리의 눈에서는 주르륵
눈물이 흘러내렸다."

조약돌을 만드는 것이 부드러운 물결이고 소나무를 꺾는 것이 가벼운
눈이듯 망나니를 사람으로 만드는 것도 밥을 먹이고 더운물을 떠주는
따뜻한 손길입니다.

저는 법정 스님의 빅팬이어서 서울 봉은사 다래헌에 찾아뵌 적이 있
습니다. 잣, 대추가 든 구기자차를 내주셨습니다. 다래헌 광에 역기 하
나만 달랑 있는 모습이 기억납니다. 그립습니다.

17

〈춘천 삼악산〉

"지속" (베르그송)

그림 17. 춘천 삼악산 ⓒ 김성환

단풍이 잘 들려면

단풍은 식물의 잎에 들어 있는 색소들의 분해 시기가 달라서 일어나는 현상입니다. 식물의 잎에는 녹색 엽록소 외에 노란 색소 카로티노이드와 빨간 색소 안토시아닌도 있습니다.

식물은 해가 짧아지고 기온이 낮아지면 잎으로 보내는 영양분과 수분을 막습니다. 엽록소가 합성되지 않고 남은 엽록소도 햇빛에 분해되어 녹색이 사라집니다. 분해 속도가 느린 노란 색소와 빨간 색소가 나타나기 시작합니다.

단풍이 예쁘게 들려면 밝은 햇살, 건조한 날씨, 큰 일교차가 필요합니다. 밝은 햇살과 건조한 날씨는 빨간 색소가 잘 나타나게 합니다. 큰 일교차는 엽록소를 빨리 분해합니다. 설악산, 지리산처럼 큰 산은 햇살이 밝고 건조하며 일교차가 큰 정상부터 단풍이 들어 아래로 내려옵니다.

춘천 삼악산도 단풍이 아름다운 걸 새삼 발견한 산입니다. 가을에는 폭포와 바위와 단풍이 잘 어우러진 산입니다. 삼악산 단풍이 오늘의 장소 한 컷입니다.

첫 생명체의 탄생

생명의 기원을 연구하는 과학자들은 지구에서 첫 생명체의 탄생을 약 35억 년 전으로 봅니다. 지구가 생긴 45억 년 전에서 10억 년이 지난 시점입니다. 우주가 태어난 138억 년 전 빅뱅 이후 우주가 팽창하면서 온도가 식었지만 35억 년 전이면 지구는 아직 $100\,^{\circ}C$ 열탕입니다.

과학자들은 활화산에 가서 $100\,^{\circ}C$로 끓는 황화수소 속에 사는 박테리아를 발견했습니다. 그래서 황화수소를 먹고 사는 박테리아가 첫 생명체가 아닐까 추정하고 있습니다. 원시 바다에서 파도가 기포를 만들고 그 막 속에 유전자 DNA를 구성하는 화학원소들이 농축되어 박테리아가 탄생했다는 시나리오입니다.

프랑스 철학자 베르그송의 대표작은 『창조적 진화』입니다. 이 책의 핵심 내용은 우주가 지속한다는 것입니다. 지속이 오늘의 철학 한 마디입니다.

우주가 지속한다는 것은 우주가 살아 있고 끊임없이 변화하며 많은 생명체가 진화한다는 뜻입니다. 우주가 지속한다는 베르그송의 창조적 진화는 생명을 끊임없는 변화로 보는 생명론의 세계관입니다.

베르그송은 다윈의 진화론이 첫 생명체의 탄생이나 새 종의 탄생을 설명하지 못한다고 봅니다. 우주와 생명의 본성이 자발 운동이기 때문에 첫 생명체도 탄생하고 새 종도 생겨난다고 봅니다.

현대 생물학자들은 베르그송을 받아들이지 않고 다윈을 받아들입니다. 첫 생명체의 탄생과 새 종의 탄생을 다윈의 진화론으로 설명할 수 있기 때문입니다.

김성환의 철학 한 컷

다윈의 진화론은 자연선택이 핵심 내용입니다. 자연선택은 생물에서 유전되는 변이가 늘 일어나고 그중 환경에 잘 적응하는 형질을 낳는 변이를 가진 개체가 선택되어 후손을 퍼뜨린다는 것입니다.

자연선택의 눈으로 보면 첫 생명체의 탄생도 기포의 막 속에 DNA의 화학원소를 농축한 박테리아가 선택된 겁니다. 새 종의 탄생도 조상에게 물려받은 유전자에 일어난 변이, 환경에 잘 적응하는 형질을 낳는 변이를 가진 개체가 후손을 퍼뜨린다는 겁니다.

베르그송은 이런 설명이 마음에 들지 않습니다. 원인과 결과의 관계만으로 설명하는 기계론이기 때문입니다. 베르그송은 첫 생명체도 새 종도 생명의 본성인 자발 운동과 끊임없는 변화를 하기 때문에 태어난다고 봅니다.

기계론은 생명현상도 DNA의 화학원소들 사이의 인과관계로 설명할 수 있다고 봅니다. 생명론은 기계론에 반대합니다. 베르그송은 생명의 본성을 유전자의 화학 물질들 사이의 인과관계로 다 설명할 수 없다고 봅니다.

다시 단풍

다시 삼악산 단풍을 보겠습니다. 단풍나무의 빨간 잎은 주변에 다른 식물 종이 자라지 못하게 독을 분비합니다.

자연선택은 경쟁의 중요성을 보여줍니다. 유전자에서 일어나는 변이가 형질로 표현되더라도 반드시 후손을 퍼뜨릴 수는 없습니다. 경쟁이 일어납니다.

예를 들어 단풍나무의 유전자에 변이가 일어나 빨간색 형질 대신 노란색 형질이 표현되더라도 노란 잎이 독성을 지니지 않으면 빨간 잎과 경쟁에서 집니다. 빨간 단풍나무는 주변에 다른 식물 종이 자라지 못하게 하고 노란 단풍나무는 주변에 다른 식물 종이 자라게 하니까 빨간 단풍나무가 후손을 더 많이 퍼뜨립니다.

베르그송의 눈으로 단풍을 보면 어떨까요? 단풍은 그야말로 생명의 본성인 지속, 자발 운동, 끊임없는 변화를 보여줍니다. 노란색이 다 노란색이 아니고 빨간색이 다 빨간색이 아닙니다. 우리가 단풍에서 서로 다른 노란색들, 서로 다른 빨간색들을 10개씩은 쉽게 구별할 수 있습니다.

이제 다윈의 진화론은 생물학자라면 모두 받아들이는 이론입니다. 베르그송의 지속, 자발 운동, 끊임없는 변화는 과학 개념이 아니라 철학 개념입니다.

김성환의 철학 한 컷

베르그송은 다윈의 진화론을 받아들이지 않지만 지속, 자발 운동, 끊임없는 변화는 다윈의 진화론과 화해하고 양립할 수 있습니다. 생명의 지속, 자발 운동, 끊임없는 변화가 자연선택의 산물이라고요.

단청

홍천 공작산에 갔다가 단청하시는 분을 만난 적이 있습니다. 수타사 사천왕상의 단청을 새 단장하고 있었습니다. 단청학 강의를 들었습니다.

"수타사 사천왕상은 1676년 제작한 것인데
그 몸에서 우리나라 최초의 한글 대장경 『월인석보』가 나왔어요.
가치가 있어 국보, 보물 심사에 들어가기 때문에
새로 단청을 하고 있어요.

단청을 하는 1차 이유는 목재의 보호입니다.
나무가 비바람에 썩지 않게 하는 겁니다.
그다음 단청의 색은 지위를 나타냅니다.
임금님은 붉은색 옷을 입고
그 밑으로 내려가면서
푸른 옷, 파란 옷, 갈색 옷,
검은 옷을 입습니다.
단청도 지위가 가장 높은 것이

금단청입니다. 비단 금.

비단을 싼 것처럼

단청을 하는 겁니다."

단청이 인간의 지위를 나타낸다는 것이 재미있습니다. 계급사회의 차별이 색으로 나타납니다. 단풍이 경쟁의 산물이라는 것과 비슷해 보입니다.

동식물 포함해 생물 종은 많이 잡으면 1,000만 종쯤 있습니다. 멸종한 종은 그 4~5배입니다. 우리 눈에 아름답고 화려하게 보이는 단풍도 치열한 경쟁의 산물입니다. 단풍이 노란색, 빨간색을 갖추고 후손을 퍼뜨리기까지 멸종한 4~5배의 종과 치열한 경쟁을 벌였습니다.

이제 단풍이 아름답게만 보이지 않을 겁니다. 치열해 보이기도 할 겁니다.

김성환의 철학 한 컷

18

〈포천 왕방산〉

"심층 생태주의: 큰 자아 실현"(네스)

그림 18. 포천 왕방산. ⓒ 김성환

다 연결

제가 일하는 대진대가 포천에 있어서 왕방산에 자주 갔습니다. 오늘의 장소 한 컷입니다.

산을 걷다 보면 제 눈에 보이는 것보다 보이지 않는 것이 훨씬 많다는 생각이 듭니다. 낙엽을 일일이 들춰보지 않는 한 그 속에 사는 벌레들은 보이지 않습니다. 여름부터 가을까지 얼굴 주위에 열추적으로 따라다니는 날파리들도 빠짐없이 보이진 않습니다.

멧돼지들이 흙길을 파헤친 흔적은 있지만 야행성이어서 날이 밝으면 보이지 않습니다. 이른 아침에 가면 거미줄이 얼굴에 걸리지만 잠복근무 중인 거미는 찾기 어렵습니다. 많은 나무가 보이지만 땅 밑 뿌리가 어디까지 뻗어 있는지는 보이지 않습니다.

벌레, 날파리, 멧돼지, 거미, 나무가 다 연결되어 있다는 생각도 듭니다. 같은 터에서 서로 섞여 살고 있습니다. 관계가 간단해 보이지는 않습니다.

멧돼지가 땅을 파헤치고 벌레를 잡아먹거나 식물 뿌리를 먹으면 벌레와 식물은 졸지에 생명을 잃습니다. 제가 지나면서 거미줄을 파괴하면 거미는 다시 줄을 쳐야 합니다. 자연에서 동식물들은 손해와 이익이 다르겠지만 다 연결된 관계를 맺고 있는 것처럼 보입니다.

심층 생태학

노르웨이 철학자 네스는 자기 사상을 심층 생태학이라 말합니다. 심층 생태주의가 오늘의 철학 한 마디입니다.

네스의 심층 생태학은 세 가지 핵심 내용을 지닙니다. 첫째, 모든 생명은 서로 연결되어 있습니다. 둘째, 환경 문제를 해결하려면 세계관을 바꾸어야 합니다. 셋째, 인간은 자연과 공생할 때 큰 자아를 실현할 수 있습니다.

세계관을 바꾸어야 한다는 말은 얕은 생태학에서 깊은 생태학, 곧 심층 생태학으로 바꾸어야 한다는 뜻입니다. 얕은 생태학은 환경이 오염되면 정화하고 파괴되면 복구하라고 요구하지만 환경의 오염과 파괴를 낳은 세계관을 바꾸려고 하지 않습니다. 그 세계관은 자본주의 산업사회로 인간이 풍요를 얻을 수 있다는 것입니다.

깊은 생태학은 사회구조가 자본주의를 유지하는 한 인간은 계속 자연을 오염하고 파괴할 수밖에 없다고 봅니다. 인간과 동식물이 다 연결되어 있는데 인간만 풍요를 얻고 오염과 파괴는 인간을 뺀 동식물의 몫으로만 돌릴 수 없습니다. 심층 생태학은 모든 생명이 연결되어 있고 인간과 자연이 함께 흥하거나 함께 망한다고 보는 생명론의 세계관입니다.

큰 자아 실현

왕방산은 왕이 방문한 산이라는 뜻입니다. 방문한 왕은 두 가지 설이 있습니다. 신라 헌강왕과 조선 태조 이성계입니다.

신라 헌강왕은 872년 이 산에 머문 도선국사를 찾아온 적이 있다고 합니다. 이성계는 왕위에서 물러난 뒤 이방간과 이방원 형제가 골육상쟁을 하고 있다는 소식을 듣고 현재 보덕사인 왕방사에 며칠 머물렀다고 합니다.

풍수지리설의 대가인 도선국사는 왕방산을 좋은 터로 본 모양입니다. 이성계는 왕방산에서 자연의 위로를 받았겠지요.

좋은 터는 사람이 살기 좋은 곳입니다. 사람과 자연이 이어져 서로 영향을 준다고 보아야 풍수를 가릴 수 있습니다. 자연의 위로도 자연이 사람에게 영향을 줄 수 있다고 생각해야 가능한 일입니다.

네스는 사람과 자연이 이어진 자아를 큰 자아라 부릅니다. 그리고 사람만의 작은 자아가 아니라 큰 자아를 실현하자고 권합니다. 사람과 자연이 큰 자아로 이어져 있다고 보면 사람이 자연에 함부로 해를 끼칠 수 없습니다.

저는 풍수도 믿지 않고 큰 자아도 믿지 않습니다. 그러나 자연이 사람의 생명을 빼앗을 수 있다는 것은 믿습니다.

김성환의 철학 한 컷

혼자 산에 다니다 보면 죽을 수도 있다는 생각이 가끔 듭니다. 발 한 번 헛디뎌 다치고 걷지 못하면 구조되지 못하고 죽을 수 있습니다. 조심 조심합니다.

19

〈프랑크푸르트 구 유대인 묘지〉

"자발 안락사" (톰슨)

그림 19. 프랑크푸르트 구 유대인 묘지 담에 있는 작은 비석들 ⓒ 김성환

작은 비석들

독일 프랑크푸르트에는 구 유대인 묘지가 있습니다. 담에 12,000개의 작은 비석이 있습니다. 성냥갑만 한 크기입니다. 오늘의 장소 한 컷입니다.

비석엔 이름, 생몰연월일, 수용소가 적혀 있습니다. 유대인 관습에 따라 비석 위엔 작은 돌이 놓여 있습니다.

죽은 사람을 기리는 비석이 참 예쁘다는 생각이 들었습니다. 우리나라에서도 비석을 크게 만들지 말고 작게 만들면 어떨까 하는 생각도 들었습니다. 납골당보다 더 작은 공간만 있어도 충분합니다.

안네 프랑크의 비석도 있었습니다. 채 열여섯을 채우지 못하고 죽었습니다. 나치의 유대인 탄압으로 안네의 가족은 독일에서 네덜란드로 망명합니다. 나치 독일은 중립 국가인 네덜란드도 점령하고 유대인을 색출하기 시작합니다.

안네의 아버지 오토는 암스테르담의 자기 공장 사무실에 있는 창고를 책장으로 위장해서 막고 가족과 함께 피신합니다. 안네의 가족은 이 창고에서 2년 동안 숨어 지냅니다. 다른 유대인이 밀고하는 바람에 안네의 가족은 나치 강제수용소로 갑니다. 안네는 독일이 항복하기 2달 전에 장티푸스로 죽었습니다.

나치의 유대인 학살은 논리학에 나오는 미끄러운 비탈길 논증의 대표 사례로 꼽힙니다. 나치가 처음부터 유대인을 학살하진 않았습니다. 나치는 단종법으로 유대인, 집시, 동성애자에게 불임수술을 강요했습니다.

미끄러운 비탈길 논증은 우리가 어떤 행위 A를 받아들이면 비슷한 B도 받아들여야 하고 이 일이 계속되면 도저히 수용할 수 없는 N도 받아들여야 한다는 것입니다. 유대인 단종이 미끄러운 비탈길을 타면 유대인 멸종도 정당화할 수 있다는 것입니다.

프랑크푸르트 게토

프랑크푸르트의 유대인 박물관과 구 유대인 묘지는 나치가 만든 유대인 게토 안에 있습니다. 유대인 게토에 들어가는 입구는 로마 시대에 도심을 둘러싼 요새 성벽의 일부였습니다.

나치 시절에 유대인은 아무리 부자여도 일과를 마치고 게토에 들어가면 좁디좁은 아파트에서 온 식구가 살아야 했습니다.

게토는 중세부터 있었습니다. 십자군 전쟁 때 곳곳에서 유대인 학살이 일어나자 유대인 보호구역으로 생겨났습니다.

나치 독일은 폴란드 점령 후 게토를 부활해 유대인들을 쑤셔 넣었습니다. 바르샤바 게토는 3.4㎢, 여의도의 1/3 만한 크기인데 45만 명의 유대인이 수용되었습니다. 1인당 약 2평의 공간입니다.

죽어서도 성냥갑만한 비석들이 다닥다닥 붙어 있는 모습은 게토에서

김성환의 철학 한 컷

다닥다닥 붙어살던 모습을 재현한 것일까요.

전깃줄에 참새들이 앉아 있는 걸 보면 일정한 간격으로 떨어져 있습니다. 이 간격은 참새들의 퍼스널 스페이스, 개별 공간입니다.

사람은 퍼스널 스페이스가 침범당하면 놀랍니다. 남의 손이 내 얼굴 가까이 휙 다가오면 놀라는 이유도 개인 공간이 침범당하기 때문입니다.

지하철 출퇴근 시간에 옆 사람과 다닥다닥 붙어 있는 것은 개인 공간 침범이지만 어쩔 수 없이 서로 양해하는 것입니다.

1인용 침대 하나, 책상 하나, 옆으로 좁은 공간이 있는 2평짜리 고시원 방은 프라이버시를 유지하기 어렵습니다. 옆방에서 뭐 하는지 다 알 수 있습니다.

그러나 게토에서 2평이나마 쓰는 삶은 다음 단계보단 천국입니다. 다음 단계는 수용소 학살입니다.

안락사 캡슐
네덜란드는 동성결혼, 마리화나, 안락사를 세계 최초로 합법화한 나라입니다. 2021년 7월 암스테르담에서 매년 열리는 장례식박람회에 안락사 캡슐, 사르코가 전시되었습니다. 캡슐에 누워 버튼을 누르면 의식을 잃고 1분 안에 고통 없이 죽을 수 있다고 합니다. 미리 가상현실(VR) 체험을 해보는 것도 가능합니다.

1993년 네덜란드 의회는 안락사를 허용하는 법안을 승인했습니다. 불치병을 앓고 있는 환자의 일관된 요청이 있고 의사들이 엄격한 지침을 따를 경우 안락사를 허용하는 법안입니다.

교황청은 네덜란드의 안락사 허용 결정에 대해 잔인한 방식의 인종 정책을 초래할 수 있는 퇴보라고 비난했습니다. 잔인한 방식의 인종 정책은 나치의 인종 정책을 가리킵니다. 교황청의 논리가 바로 미끄러운 비탈길 논증입니다.

나치의 유대인 학살은 단종 정책 수술에서 시작합니다. 점차 단종해야 할 형질의 범위가 넓어져 더 이상 나타나지 말아야 할 형질을 가진 사람이 살 가치가 없는 사람으로 바뀝니다. 나아가 살 가치가 없는 사람이 개인에서 집단으로 바뀝니다.

안락사는 자발 안락사와 비자발 안락사로 나눕니다. 자발 안락사는 환자가 자기의 죽음을 이성으로 선택할 능력이 있거나 지금은 없지만 선택 능력이 있었을 때 장차 일어날 상황을 예상해 자신의 안락사에 동의하는 경우입니다.

비자발 안락사는 이성으로 선택하거나 동의할 능력이 없는 사람이나 과거에 견해 표명을 한 적도 없는 사람에게 적용하는 안락사입니다. 결함 있는 신생아나 고령의 의식 불명자가 대상입니다.

미끄러운 비탈길 논증은 자발 안락사를 허용하면 비자발 안락사, 반자발 안락사도 허용한다는 것입니다. 네덜란드 정부는 안락사의 전면 합법화를 추진하고 있습니다. 불치병을 앓는 12세 미만 어린이의 안락사도 허용하려 합니다. 반자발 안락사입니다. 유대인 학살과 같은 것입니다.

미국 철학자 톰슨은 자율 원리를 근거로 자발 안락사를 옹호합니다. 자율 원리는 어떤 사람과 관련된 행위의 정당성은 그 사람의 자유로운 동의에서 나온다는 것입니다. 자율 원리에 비추어 보면 환자가 자발 동의한 안락사는 정당합니다.

톰슨의 자율 원리에 비추어 정당한 자발 안락사가 오늘의 철학 한 마디입니다. 자발 안락사를 인정하는 톰슨의 견해는 인간의 자율을 존중하는 생명론의 세계관입니다.

20

〈울릉도〉

"자연이 신" (스피노자)

그림 20. 울릉도 일출 ⓒ 김성환

자연인

〈나는 자연인이다〉라는 프로그램을 좋아하는 아저씨들이 많습니다. 아저씨들이 꿈을 가지게 하고 대리 만족을 주니까 좋아하는 것 같습니다. 자연인이 로망인 까닭은 사회인이 힘들기 때문일 겁니다.

저는 등산을 하다가 힘들면 속으로 숫자를 셉니다. 1, 2, 3, 4 ⋯ 99, 100. 이렇게 셉니다. 하나, 둘, 셋, 넷... 아흔아홉, 백. 이렇게 세지 않습니다. 더 힘듭니다. 산에서 저의 한 걸음은 평균 50cm라서 100 단위로 10번 세어서 1,000보 걸어야 500m쯤 갑니다.

〈나는 자연인이다〉를 보면 자연인의 하루는 세끼 밥해 먹는 것이 제일 많은 시간을 차지합니다. 사회인은 돈 버는 일과 인간관계가 가장 많은 시간을 차지할 겁니다. 힘들고 피곤하죠.

자연인은 돈과 인간을 벗어나 삽니다. 주말만 자연인도 돈과 인간을 벗어나려고 자연을 찾는 것 같습니다. 문제는 사회에 있고 해법은 자연에 있습니다.

신이 곧 자연

네덜란드 철학자 스피노자는 신이 곧 자연이라고 말합니다. 오늘의 철학 한 마디입니다.

신이 자연이라는 스피노자의 말은 신이 자연을 생산한다는 뜻입니다. 신은 자연을 초월해 자연을 창조하지 않고 자연에 내재하며 자연을 생산합니다. 그래서 초월신을 믿는 가톨릭교회는 스피노자가 못마땅합니다.

울릉도에 갔습니다. 쾌속선이 파도를 타고 오르락내리락을 거듭하니까 참을 수 없었습니다. 술도 먹지 않았는데 토했습니다.

울릉도 앞바다 일출을 보았습니다. 장관이었습니다. 선인봉에 올랐다 나리분지로 내려왔습니다. 섬 속 분지가 신기했습니다. 울릉도가 오늘의 장소 한 컷입니다.

자연은 위대하다고 생각했습니다. 섬, 산, 분지, 바다, 일출이 어우러진 울릉도가 자연이 스스로 만들었다고 보면 신은 곧 자연이라는 생각이 듭니다.

스피노자는 이런 자연을 능산 자연이라 부릅니다. 모든 걸 생산하는 자연입니다. 능산 자연이 신입니다.

신이 빚은 자연은 소산 자연입니다. 소산 자연은 능산 자연이 생산한 자연입니다. 울릉도는 소산 자연입니다. 하지만 소산 자연도 능산 자연에 힘입어 다른 소산 자연을 생산할 수 있습니다. 울릉도는 철마다 나무들을 푸른색, 단풍색, 낙엽색으로 바꿉니다.

지금까지 한 말에서 신을 빼보십시오. 능산 자연이 소산 자연을 생산한다는 말이 남습니다. 자연이 스스로 생산한다는 뜻입니다. 신은 필요 없다는 뜻입니다. 가톨릭교회가 스피노자를 가만 놔두지 않은 이유입니다.

김성환의 철학 한 컷

울릉도는 자연이 스스로 생산한 자연입니다. 그래서 위대합니다.

탈인간중심주의

울릉도와 독도는 아무 때나 갈 수 있는 곳이 아닙니다. 자연이 허락해야 인간이 갈 수 있습니다. 바람이 불어 파도가 심하면 못 갑니다. 울릉도 주민들은 자연이 허락하는 삶에 익숙해 보입니다. 늘 날씨를 보며 삽니다.

"자연이 내어주는 삶"

스피노자의 말이 아니지만 스피노자의 뜻을 잘 담고 있습니다. 스피노자가 신이 곧 자연이라는 말로 전하고 싶은 세계관은 탈인간중심주의입니다.

신이 곧 자연이고 능산 자연이 소산 자연을 생산한다면 인간이 특별한 존재라고 볼 수 없습니다. 인간도 울릉도, 바다, 나래분지, 돌, 콩나물, 물고기와 마찬가지로 소산 자연입니다. 신이 곧 자연이라는 말은 탈인간중심주의 생명론입니다.

인간은 목적을 가지고 삽니다. 사회인은 돈 벌고 인간 관계를 맺는 것이 목적이고 자연인은 세끼 밥 먹는 것이 목적입니다. 그러나 자연은 목적이 없습니다.

울릉도, 성인봉, 나래분지가 무슨 목적이 있어서 생겨난 것이 아닙니다. 신이 무슨 목적이 있어서 울릉도, 성인봉, 나래분지를 생산한 것이 아닙니다. 자연도 목적이 있다고 생각하는 것은 인간이 자기 중심으로 자연을 바라보는 겁니다.

인간이 목적을 가지고 사니까 자연도 목적이 있다고 생각하는 겁니다. 게다가 인간은 자연이 주로 인간에게 봉사하는 목적을 가진다고 생각합니다. 기독교 교리도 인간을 특별한 존재로 보는 인간중심주의를 부추겼습니다.

그러니까 가톨릭교회는 자연에 신이나 특별한 인간이 부여한 목적이 없다는 스피노자가 더더욱 못마땅합니다. 스피노자는 네덜란드 유대인 사회에서 추방되었고 가톨릭교회는 스피노자의 모든 저작을 금서목록에 올렸습니다.

울릉도에서는 겨울에 눈이 많이 와서 주민들이 자주 강제 자연인이 된다고 합니다. 자동차가 다니지 못하고 주민들이 집 밖으로 나오지 못합니다. 그야말로 자연이 허락하는 삶, 자연이 내어주는 삶을 삽니다. 탈인간중심주의의 삶입니다.

5

이성론

21

〈런던 자연사박물관〉

"호모 사피엔스"(린네)

그림 21. 런던에 있는 자연사박물관 ⓒ 김성환

호모 사피엔스 사피엔스

인간은 이성의 동물일까요, 감정의 동물일까요? 인간을 보는 눈은 세계관의 일부입니다. 인간이 세계의 일부이기 때문입니다.

철학자들은 갈립니다. 소크라테스, 플라톤, 아리스토텔레스, 토마스 아퀴나스, 데카르트, 헤겔, 하버마스는 이성의 동물 쪽에 손을 듭니다. 스피노자, 흄, 니체, 푸코, 들뢰즈는 감정의 동물 쪽에 손을 듭니다.

인류의 학명은 호모 사피엔스입니다. 스웨덴 식물학자이며 생물분류학자 린네가 지었습니다. 생각하는 사람이라는 뜻입니다. 순우리말로 슬기로운 사람, 슬기사람이라고도 합니다. 호모 사피엔스가 오늘의 철학 한 마디입니다.

인류는 약 600만~800만 년 전에 탄생합니다. 호모 사피엔스는 약 60만~70만 년 전에 나타나고 4~5만 년 전에 크로마뇽인과 같은 호모 사피엔스 사피엔스로 진화합니다. 순우리말로 슬기슬기사람입니다.

그러나 슬기슬기사람은 슬기롭고 슬기로운 사람이 아닙니다. 그 뜻이 뭘까요?

자연사박물관 메인 홀

자연사박물관은 영국 런던에 있습니다. 영국 축구협회 이름은 "축구협회(The Football Association)"입니다. 축구 종주국이라고 "잉글랜드" 같은 수식어를 붙이지 않습니다. 자연사박물관도 수식어가 없습니다. 세계 최초로 1753년 대영박물관을 세운 프라이드 때문인 듯합니다. 자연사박물관이 오늘의 장소 한 컷입니다.

자연사박물관 메인 홀에는 공룡 디플로도쿠스, 애칭 디피의 화석이 있었습니다. 25m쯤 됩니다. 지금은 역시 25m쯤 되는 흰긴수염고래, 애칭 호프의 화석이 메인 홀을 차지하고 있습니다. 멸종 위기에 처한 흰긴수염고래에 대한 경각심을 불러일으키는 것이 교체의 한 가지 이유라고 합니다.

메인 홀 뒤쪽 계단 위에는 찰스 다윈의 대리석 동상이 있습니다. 다윈은 생물 진화의 메커니즘이 자연선택이라는 것을 발견합니다.

자연사에서 "사"는 기록, 지식을 의미합니다. 영국 철학자 베이컨은 과학 법칙을 발견하려면 먼저 관찰, 실험으로 자연에 관한 지식을 폭넓게 얻어야 하며, 그는 이렇게 얻은 박물학 지식을 자연사 또는 실험사라 불렀습니다. 베이컨은 한겨울에 닭의 뱃속에 눈을 채워 냉장 실험을 하다 감기에 걸려 죽었습니다.

자연사박물관은 자연에 관한 박물학 지식을 모아 놓은 곳입니다. 그리고 이 지식 덕분에 다윈은 진화의 법칙을 밝힐 수 있었습니다. 메인 홀의 화석과 다윈의 동상은 과학의 본모습인 자연에 관한 지식 획득과 법칙 발견을 상징합니다.

루시

1974년 미국 고인류학자 조핸슨이 이끄는 탐사팀이 에티오피아 아파르 지역에서 오스트랄로피테쿠스 아파렌시스의 화석을 발견했습니다. 이름을 루시라 붙였습니다.

오스트랄로피테쿠스는 남쪽원숭사람이라는 뜻입니다. 390만~290만 년 전까지 생존한 인류의 조상입니다.

"루시 인 더 스카이 위드 다이아몬드"

핸더슨의 탐사팀이 화석을 발견했을 때 탐사 캠프에서 자주 흘러나온 비틀스의 노래입니다. 화석 루시의 이름은 비틀스의 노래 제목에서 따 왔습니다. 루시는 인류 조상이 직립보행하는 모습을 뚜렷이 보여줍니다. 인류의 진화는 직립보행에서 시작됩니다.

루시의 두개골은 400cc 정도로 침팬지와 비슷합니다. 현생 인류의 뇌 용량은 평균 1,350cc입니다. 사람은 다 얼큰이입니다. 얼굴 작다고 빼기면 안 됩니다.

그러나 루시는 골반이 옆으로 퍼져 내장의 무게를 지탱합니다. 침팬지는 골반이 수직으로 깁니다. 또 무릎 안쪽으로 기운 다리뼈가 몸의 중

김성환의 철학 한 컷

심을 유지합니다. 인류 진화의 첫 특징은 뇌가 커진 것이 아니라 두 다리로 걷기입니다.

몸이 직립하면 뇌도 커집니다. 호모 에렉투스는 직립을 완성한 인류 조상입니다. 약 160만 년 전이고 뇌는 900cc입니다.

인류 조상이 직립하면서 나무 타는 일에서 해방된 손은 엄지손가락과 집게손가락을 따로 놀리는 기술이 발달합니다. 침팬지는 돌을 쥘 때 엄지 빼고 나머지 네 손가락을 붙인 채 어렵게 잡습니다. 그러나 인간은 엄지와 검지만으로 돌을 잡을 수 있습니다. 도구 사용과 도구 제작 능력이 생기기 시작합니다.

인류의 손은 27개의 뼈로 구성됩니다. 이 뼈를 근육으로 조절하는 것은 뇌, 특히 대뇌피질입니다. 손의 뼈가 많아지면 많은 신경세포와 복잡한 신경 회로가 필요합니다. 뇌는 신경세포들의 집합입니다. 손이 발달하면 뇌가 커집니다.

직립하면 소리가 진동하는 후두 공간이 넓어져 음성언어도 가능해집니다. 우리가 허리를 구부리고 말하면 발음이 덜 분명합니다. 허리를 세우고 말하면 발음이 더 분명해집니다.

타잔처럼 어릴 때 사고로 정글에 있다가 자라서 인간 세상으로 돌아온 사례가 실제로 여러 차례 있었습니다. 돌아온 인간이 할 수 없는 것이 두 가지 있습니다.

말을 배울 수 없고 다른 사람들과 어울려 일을 할 수 없습니다. 언어는 어릴 때 부모와 어울리면서 "엄마"를 내뱉기 시작해야 배울 수 있습니다. 노동도 사람들과 어울려 살아야 할 수 있습니다.

외마디 소리가 아닌 마디 갈라진 소리가 인간 언어의 특징입니다. 분절 언어라고 합니다. 도구 사용과 특히 도구 제작이 노동의 특징입니다. 그리고 언어와 노동을 다른 동물과 인간을 구별하는 특성이라고 합니다.

자의식

제가 학생들에게 인생에서 중요하게 생각하는 것을 세 가지만 써보라고 합니다. 돈, 사랑, 가족, 친구, 여행 등등. 다양한 답이 나옵니다.

이 답은 모두 명령문으로 바꿀 수 있습니다. "돈을 중시해", "사랑을 중시해", "가족을 중시해", "친구를 중시해", "여행을 중시해". 명령문은 우리가 언어를 사용하기 때문에 만들 수 있습니다.

또 이 답은 자기가 뭘 중요하게 생각하는지 알려줍니다. 내가 나를 알아야 답할 수 있습니다. 내가 나를 아는 것, 나에 대한 나의 앎을 자의식이라고 합니다. 의식은 앎의 다른 말입니다.

호모 사피엔스 사피엔스의 비밀이 드러났습니다. 사피엔스는 생각하다, 슬기롭다가 기본 뜻입니다. 과학, 사이언스의 라틴어 어원이기도 합니다. 호모 사피엔스 사피엔스는 생각하고 또 생각한다는 뜻, 슬기롭고 슬기롭다는 뜻이 아닙니다.

호모 사피엔스 사피엔스는 생각한 것을 다시 생각한다는 뜻입니다. 인간은 자기가 뭘 중요하게 생각하는지 생각할 수 있습니다. 내가 뭘 중요하게 생각하고 뭘 덜 중요하게 생각하는지 아는 것이 자의식입니다. 호모 사피엔스 사피엔스는 자의식하는 인간이라는 뜻입니다.

인간의 자의식은 명령문의 집합입니다. "돈보다 사랑을 중시해", "놀이보다 가족을 중시해"라는 명령문이 내 머릿속에 있으면 이 두 명령문의 집합이 나의 자의식입니다. 자의식도 인간이 언어능력을 가지고 있기 때문에 생깁니다. 호모 사피엔스 사피엔스는 언어로 자의식하는 인간입니다.

인간이 이성의 동물이라는 말은 인간이 자의식의 동물이라는 말과 같

습니다. 내가 나를 알게 해주는 것은 나의 이성입니다. 이성, 언어, 자의

식은 같은 과입니다. 호모 사피엔스와 호모 사피엔스 사피엔스는 인간

을 이성의 동물로 보는 이성론의 세계관입니다.

22

〈악양 녹차매실농장〉

"돈, 힘, 이름" (헤겔)

그림 22. 악양 녹차매실농장에 열린 4월 매실 ⓒ 왕규식

지배욕

"What do you want?

(당신은 무엇을 원하십니까?)"

내가 만난 사람이 어떤 분인지 알고 싶으면 물어보세요. 대답은 그 사람의 원함, 욕망입니다.

사람들이 가장 많이 원하는 것은 돈, 힘, 이름입니다. 소유욕, 권력욕, 명예욕입니다.

사랑을 원하십니까? 사랑은 돈, 힘, 이름과 다릅니다. 그러나 공통점도 있습니다. 나중에 밝히겠습니다.

하동 악양에 있는 야생 녹차매실밭에 자주 갔습니다. 친구가 아버지를 이어 농사짓고 있습니다. 야생 녹차를 기르기 때문에 농약을 쓸 수 없는 밭입니다. 녹차, 매실이 모두 무농약입니다. 악양의 야생 녹차매실 농장이 오늘의 장소 한 컷입니다.

친구는 대치동 학원에서 수학 강사였습니다. 그러다 국회의원 비서관으로 일했습니다. 그 뒤 아버지가 돌아가신 악양으로 돌아왔습니다.

대치동 학원 강사는 치열하게 경쟁하며 돈을 버는 직업입니다. 국회의원 비서관은 권력자를 가까이 볼 수 있는 직업입니다. 농부는 돈도 빽도 이름도 없는 직업입니다.

친구가 왜 농부를 선택했는지 모르지만 박수를 보냅니다. 독일 철학자 헤겔의 눈으로 보면 욕망을 잘 컨트롤한 사람이기 때문입니다.

돈, 힘, 이름에 대한 욕망인 소유욕, 권력욕, 명예욕의 공통점은 지배욕이라는 것입니다. 돈, 힘, 이름은 주로 한 사람이 다른 사람을 지배하는 데 쓰입니다. 돈, 힘, 이름이 있는 곳에 지배하는 사람과 지배받는 사람이 있습니다.

"꿇어!"

조폭이 남을 지배하려고 쓰는 말입니다. 그러나 무릎 꿇은 남을 지배하는 사람은 노예, 벌레한테 인정받는 것입니다.

돈, 힘, 이름으로 남을 지배하는 사람도 돈 없고 힘 없고 이름 없는 사람에게 일방으로 인정받는 것입니다. 이런 인정은 "꿇어!"와 같이 가치가 별로 없습니다.

친구가 돈과 힘이 판치는 곳을 벗어난 이유를 짐작할 수 있습니다. 가치 없는 일방 인정욕이 판치는 곳이 견디기 힘들었을 겁니다.

상호 인정욕
헤겔은 돈, 힘, 이름에 대한 욕망이 일방 인정욕이라고 말합니다. 돈, 힘, 이름이 오늘의 철학 한 마디입니다.

일방 인정욕의 반대는 상호 인정욕입니다. 돈, 힘, 이름으로 남을 지배하는 것이 노예, 벌레에게 인정받는 "꿇어!"만큼 가치가 별로 없다고 깨달으면 남을 나와 대등한 인격으로 만들어 서로 인정하고 인정받으려는 욕망이 생깁니다. 상호 인정욕입니다.

사랑은 일방 인정욕일 수도 있고 상호 인정욕일 수도 있습니다. 사랑하는 사람은 눈이 멉니다. 상대만 보이고 남들은 보이지 않습니다. 제 눈에 안경입니다.

사랑은 배타적 인정입니다. 상대가 나만 인정하기를 요구합니다. 서로 상대만 인정하는 사랑은 상호 인정욕입니다.

상대는 나만 인정하는데 나는 상대와 다른 남도 인정하면 상호 인정욕이 아니라 일방 인정욕입니다. 바람피우는 사람이 이런 경우입니다.

상호 인정욕은 일방 인정욕보다 훨씬 좋습니다. 적어도 노예, 벌레한테 인정받는 것이 아니라 나와 대등한 인격에게 인정받는 것이기 때문입니다.

그러나 상호 인정욕이 좋기만 한 것은 아닙니다. 상호 인정욕의 전제는 서로 대등한 인격으로 존중하는 것입니다. 상대를 대등한 인격으로 존중하는 일은 어렵습니다. 조금만 무시당한다고 생각하면 자존심이 상합니다. 상대가 자존심이 상하지 않게 늘 배려해야 합니다.

대등한 상호 인정욕은 자존심의 촉각을 곤두세워야 하는 게 약점입니다. 피곤합니다.

스스로 인정하기

서로 인정하기의 대안은 스스로 인정하기입니다. 서로 인정하기가 남의 인정과 무시에 의해 자존심이 살고 죽는 피곤한 일이라면 대안은 남의 인정과 무시에 대한 집착을 버리는 것입니다. 그러면 자존심이 살고 죽는 일도 줄어듭니다. 말처럼 쉽진 않습니다.

사람은 자의식의 동물입니다. 사람의 자의식은 자동차에 비유하면 운전자와 같습니다. 운전자는 차에서 이상한 소리가 나면 차를 세우고 문 열고 나와 발로 바퀴를 툭툭 차며 이상이 있는지 없는지 검사합니다. 운전자는 차에 이상이 없다고 판단하면 차를 계속 몰 것이고 이상이 있다고 판단하면 정비소로 갈 것입니다.

자의식도 몸을 운전하다가 이상한 신호를 포착하면 몸을 세우고 행동을 멈춥니다. 자의식은 이상이 없다고 판단하면 몸을 계속 운전할 것이고 이상이 있다고 판단하면 몸을 정비할 것입니다. 몸을 정비하려면 몸을 움직이는 욕망도 정비해야 합니다.

자의식은 욕망의 정비 센터입니다. 돈, 힘, 이름에 대한 욕망은 개, 돼지, 벌레 같은 사람에게 일방으로 인정받으려는 욕망입니다. 소유욕, 권력욕, 명예욕은 인정하는 사람이 대등하지 않게 짓밟혀 있기 때문에 설사 욕망을 채우더라도 가치가 별로 없습니다.

일방 인정욕을 대신해 서로 대등하게 인정하려는 상호 인정욕이 생깁니다. 그러나 상호 인정욕은 상대의 인정과 무시에 자존심의 촉각을 곤두세우고 있어야 하기 때문에 피곤합니다.

서로 인정하기보다 스스로 인정하기가 한 수 위입니다. 남의 인정과 무시에 대한 집착을 버리면 자존심도 쉽게 휘둘리지 않습니다. 일방 인정욕 대신 상호 인정욕, 상호 인정욕 대신 자기 인정욕이 욕망을 정비하는 자의식의 길입니다.

자의식은 내가 나를 아는 것입니다. 이성으로 하는 일이지 감정으로 하는 일이 아닙니다. 자의식으로 욕망을 정비하자는 헤겔의 견해는 이성론의 세계관입니다.

악양 야생 녹차매실농원으로 돌아간 친구는 자의식으로 소유욕과 권력욕을 잘 컨트롤했습니다. 남에게 인정받는 길보다 스스로 인정하는 길을 선택했습니다. 요즘은 곶감 말리는 공장도 운영하고 있습니다. 열심히 노동하며 삽니다.

그곳에서도 우여곡절을 겪겠지요. 그 우여곡절 속에서 다시 소유욕, 권력욕, 명예욕이 준동할 수도 있습니다.

그러나 친구가 대치동과 여의도를 버리고 악양을 선택한 자의식을 유지한다면 행복하게 살 겁니다. 가까운 곳에 지리산과 섬진강도 있습니다.

23

〈서울중앙성원〉

"국가의 중립과 관용"(롤스)

그림 23. 서울 이태원에 있는 한국 최초의 이슬람 모스크, 서울중앙성원.
녹색 글씨는 "알라후 아크바르(신은 위대하시다)" ⓒ 김성환

밀레트 시스템

서울 이태원에 있는 서울중앙성원에 갔습니다. 서울중앙성원은 한국
최초, 최대의 모스크, 이슬람성원입니다. 오늘의 장소 한 컷입니다.

성원 상부에 녹색으로 "알라후 아크바르", "신은 위대하시다"가 적혀 있습니다. "알라후 아크바르"는 많은 영화에서 자살폭탄을 터뜨리는 테러리스트들의 유언입니다. 그러나 따뜻한 한낮의 서울중앙성원은 평온하기 그지없습니다.

밀레트 제도가 생각났습니다. 밀레트 제도는 15세기 오스만 제국이 중동, 북아프리카, 그리스, 동유럽을 정복한 뒤 3개의 비무슬림 소수 집단, 즉 그리스 정교, 아르메니아 정교, 유대교의 자치 공동체를 공식으로 인정한 것입니다. 각 자치 공동체의 수장은 두 정교의 주교와 최고 랍비였습니다.

밀레트 시스템에서 무슬림들은 비무슬림들을 억압하지 않았습니다. 그러나 무슬림들과 비무슬림들은 자기네 종교 자치 공동체 안에서 이단이나 배교를 억압했습니다.

각 종교 공동체 안에서 개인은 신앙을 바꿀 자유도 없고 표현의 자유도 없습니다. 관용은 밀레트들, 즉 종교 자치 공동체들 사이에서 이루어지고 각 공동체 안에 있는 개인들 사이에서는 이루어지지 않았습니다.

국가의 중립과 관용

미국 철학자 롤스는 자유주의국가가 중립을 훼손하지 않고도 관용을 촉진할 수 있다고 말합니다. 롤스에 따르면 중립은 목표의 중립입니다. 목표의 중립은 국가가 특정한 세계관을 선호하거나 장려하는 행위, 특정한 세계관을 추구하는 사람들에게 더 많은 지원을 제공하는 행위를 해서는 안 된다는 뜻입니다.

롤스에 따르면 다원주의 사회에서 세계관이 다수라는 것은 불행한 재난이 아니라 자연스러운 사실입니다. 이 자연스러운 사실이 관용의 근거가 됩니다.

다수의 세계관이 있는 상황에서 사람들은 자신의 세계관을 참으로 여기고 남의 세계관을 거짓으로 여기지만, 자신의 세계관뿐 아니라 남의 세계관도 합당한 것으로 여길 수 있습니다. 사람들이 남의 세계관도 합당한 것으로 여기면 국가 권력에 대해 특정한 세계관을 편들지 않는 중립을 요구할 것입니다.

또 사람들은 자신의 세계관이 옳다고 믿더라도 남의 합당한 세계관에 대해 국가 권력을 포함한 모든 힘의 사용을 제한하는 관용에 합의할 것입니다. 그래서 롤스에 따르면 관용은 중립과 양립할 수 있습니다. 국가의 중립과 관용의 양립이 오늘의 철학 한 마디입니다.

김성환의 철학 한 컷

2021년 기준으로 한국인 이슬람교도, 곧 무슬림은 6만 명이고 외국인을 더하면 26만 명입니다. 무슬림은 한국에서 다문화 사회를 상징합니다. 동남아시아 이주 노동자들 가운데 많은 사람이 무슬림입니다.

우리나라에서 무슬림들이 늘어나 이슬람 자치 공동체를 요구하고 이슬람법에 따라 일부다처제, 여성 할례, 표현과 종교의 자유 억압을 시행하겠다고 하면 어떻게 대응해야 할까요?

밀레트 제도 모델과 롤스에 따르면 우리는 무슬림들의 요구를 받아들이고 관용해야 합니다.

국가가 서로 다른 세계관들 사이에서 중립을 지키면서도 관용해야 한다는 세계관은 이성론입니다. 서로 다른 세계관을 가진 사람들이 자기 세계관이 옳다고 믿으면서도 남의 세계관을 허용하려면 이성을 발휘해야 합니다. 서로 이성을 발휘해야 서로 세계관을 허용하자는 솔루션이 나옵니다.

여성 할례

유럽 무슬림들은 나라의 법보다 이슬람법인 샤리아에 따라 살려고 합니다. 샤리아는 일부다처제, 여성 할례, 종교와 표현의 자유 억압 등을 허용합니다. 여성 할례는 여성에게 금욕을 요구하는 이슬람 교리에 따라 어린 여성의 성기에서 음핵이나 음순을 제거하는 시술입니다.

영국은 이미 2007년 무슬림들이 샤리아 법정을 세우는 것을 허용했습니다. 미국은 인디언 부족들의 자치를 허용하고 캐나다와 함께 아미시, 메노나이트 등 급진 신교파에 대해 어린이 교육법을 적용하지 않고 자체 교육을 허용합니다.

그러나 미국은 여성 할례를 위해 소녀들을 시술하거나 해외로 보내는 행위를 연방범죄로 규정하고 있습니다. 미국 연방 의회는 2013년 "여성 할례 이동 금지법"을 제정했습니다.

그러나 미국 50개 주 가운데 24개 주는 할례를 엄격히 금지하지만 26개 주에서는 불법이 아닙니다.

세계보건기구(WHO)에 따르면 아프리카, 중동 29개국의 여성 1억 3천300만 명 이상이 할례를 경험했으며 매일 9천800명, 매년 3천600만 명이 할례를 합니다.

밀레트 제도와 롤스의 견해는 다문화 사회에서 국가가 서로 다른 세계관과 종교에 대해 관용할 것을 요구합니다.

그러나 여성 할례가 소녀의 인권을 침해하는 것이라면 달리 볼 필요가 있습니다. 국가는 세계관과 종교에 개입해 개인의 인권 침해를 막아야 합니다.

24

〈안성 유토피아추모관〉

"말할 수 없는 것은 침묵"(비트겐슈타인)

그림 24. 안성 유토피아추모관에 있는 신해철의 묘비 ⓒ 김성환

신해철의 록 밴드 〈비트겐슈타인〉

"발음이 멋지잖아요.(웃음)

책 한 권을 써놓고

'인류 철학의 제반 문제를

자신이 해결했다' 생각하고,

정원사를 했다잖아요. 그걸 보고

'야, 이 사람은 록커다'

라는 생각을 했죠.

나도 이렇게 살아봤으면 하고

감동을 받았거든요.

더 깊게 들어가면... 비트겐슈타인이

'너희가 떠들고 있는 말이

어떤 말인지 먼저 따져야 한다'

했거든요.

넥스트 이후 테크노에 빠져 있다 보니

한심하더라구요.

분명 재미있으려고 한 건데,

나중엔 학문을 연구하는 듯한 느낌.

평생 답이 안 나온다는 생각이 드는 거 있죠!"

록커 신해철이 어느 인터뷰에서 왜 밴드 이름을 〈비트겐슈타인〉으로 지었냐는 물음에 대답한 말입니다. 신해철은 서강대 철학과 출신입니다. 저는 신해철을 대학가요제에서 처음 보고 이름이 신해방철학을 줄인 예명인 줄 알았습니다. 신해철은 본명입니다.

비트겐슈타인은 영국 철학자입니다. 20세기 영미철학의 대세인 분석철학의 대가입니다. 신해철이 말한 "책 한 권"은 『논리 철학 논고』입니다. 비트겐슈타인은 이 책을 쓴 뒤 잠시 초등학교 교사로 일하다가 수도회 정원사로 일했습니다.

"말할 수 없는 것은 침묵해야 한다."

『논리 철학 논고』의 마지막 부분에 나오는 오늘의 철학 한 마디입니다. 신해철이 전한 비트겐슈타인의 말, "너희가 떠들고 있는 말이 어떤 말인지 먼저 따져야 한다"는 저 말 속에 함축되어 있습니다.

말할 수 없는 것은 침묵해야 한다

"말할 수 없는 것은 침묵해야 한다"는 말은 말이 안 됩니다. 동어반복입니다. "말할 수 없는 것은 말하지 않아야 한다"고 풀이할 수 있기 때문입니다. "살 수 없는 것은 사지 말아야 한다"나 "올라갈 수 없는 곳은 올라가지 말아야 한다"와 비슷합니다.

그러나 모든 동어반복이 의미가 없지는 않습니다. "형제는 형제다"도 동어반복이지만 형제는 의리가 있다는 뜻을 지닙니다.

비트겐슈타인은 말할 수 있는 것은 세계에 대한 그림 역할을 하는 말이라고 봅니다. 세계에 대한 그림 역할을 하는 말은 유의미한 말입니다. 세계에 대한 그림 역할을 하지 못하는 말은 무의미한 말입니다. 무의미한 말은 하지 않아야 합니다.

"말할 수 없는 것은 침묵해야 한다"는 세계에 대한 그림 역할을 하지 못하는 무의미한 말을 하지 않아야 한다는 뜻입니다.

세계에 대한 그림 역할을 하는 말은 과학의 언어입니다. 세계에 대한 그림 역할을 하지 못하는 말은 형이상학의 언어입니다.

형이상학은 "신이 있느냐?", "영혼은 몸이 죽은 뒤에도 사느냐?", "우주는 끝이 있느냐?"는 문제를 두고 2천 년 넘게 논쟁을 벌였습니다. 신해철의 표현으로는 "평생 답이 안 나오는" 문제입니다.

과학은 세계에 대한 그림 역할을 하는 법칙을 생산합니다. 침묵해선 안 됩니다. 신, 영혼, 우주에 대한 말은 세계에 대한 그림 역할을 못 하는 말입니다. 침묵해야 합니다.

말할 수 없는 것은 침묵해야 한다는 비트겐슈타인의 말은 과학자가 이성으로 발견한 법칙은 유의미한 말이라는 이성론의 세계관을 담고 있습니다.

신해철의 연설

비트겐슈타인은 클라리넷 연주가 뛰어나고 웬만한 교향곡은 휘파람으로 불었습니다. 그는 절대음감을 지녔다고 합니다. 이런 예술가가 과학이 하는 말만 유의미하다고 했으니 좀 이상하지 않습니까?

비트겐슈타인은 신, 영혼, 우주, 예술에 대한 말이 무의미하다고 하면서 토를 답니다. 어리석거나 터무니없진 않다고요. 사람들은 오랫동안 신, 영혼, 우주, 예술에 관해 말하며 살았고 앞으로도 이런 말을 하며 살 겁니다.

비트겐슈타인은 신, 영혼, 우주, 예술에 대한 어리석지도 않고 터무니없지도 않은 말은 말하지 말고 보여줘야 한다고 말합니다. 휘파람으로 교향곡을 들려주는 것처럼요.

"누가 노무현을 죽였나요? 이명박이요? 한나라당이요? 조선일보요? 저예요… 우리들입니다. 가해자기 때문에 문상도 못 갔고, 조문도 못했고, 담배 하나 올리지 못했고, 쥐구멍에 숨고 싶은 생각밖에 없는데, 할 수 있는 건 노래밖에 없는데, 마지막으로 한 노래 부르러 올라왔습니다."

2009년 노무현 추모콘서트에서 신해철이 한 말입니다.

김성환의 철학 한 컷

세상에는 말할 수 있는 것이 있고 보여줄 수 있는 것이 있습니다. 비트겐슈타인이 신해철을 보면 뭐라 할까요? 신해철의 음악은 보여줄 수 있는 것, 신해철의 연설은 말할 수 있는 것이라고 칭찬하지 않을까요?

안성 유토피아추모관에 있는 신해철의 묘에 다녀왔습니다. 오늘의 장소 한 컷입니다. 신해철 님이 하늘에서 노무현 님을 만났을까요?

25

〈서울 국회의사당〉

"도구 이성과 소통 이성"(하버마스)

그림 25. 국회 본회의장 ⓒ 김성환

정치 혐오 정치

"정치", "국회의원"이라는 말을 들으면 아직도 많은 사람이 눈살을 찌푸립니다. "제발 싸우지 좀 마세요." 국회의원들이 제일 많이 듣는 쓴소리입니다. 국회의원들은 하는 일 없이 싸움질이나 하고 세금을 축낸다고 욕을 먹습니다.

"국회의원 정수를 줄이자", "세비를 깎자"는 데 선뜻 동의하는 국민이 많습니다. 서울 여의도 국회의사당이 오늘의 장소 한 컷입니다.

"너나 잘해"
"사퇴하세요!"
"내가 그렇게 좋아?"

반말, 막말, 성희롱을 일삼는 국회의원은 여론의 뭇매를 맞더라도 다른 의원들의 부러움을 삽니다. 당신 때문에 내가 뜨지 못했다고, 나도 얻어맞아 뜨고 싶다고요. 나쁜 짓을 하더라도 여론의 입방아에 오르기만 하면 이보다 더 좋을 순 없습니다. 광부들께 죄송하지만 막장드라마가 더 막장으로 치닫는 것과 똑같습니다.

우리나라 국회의원들은 국민의 정치 혐오에 충분히 적응했습니다. 정치 혐오를 겁내지 않고 오히려 환영하고 이용합니다. 그래야 기득권을 유지 강화할 수 있기 때문입니다.

내 국회의원 자리를 지키면 그만입니다. 다음 총선 때 공천만 받으면 됩니다. 공분과 극혐을 불러일으키더라도 여론에 이름을 한 번이라도 더 노출하는 것이 백번 낫습니다. 정치 혐오를 부추기는 정치가 한국 국회의원들이 제일 잘하는 일입니다. "정치 혐오 정치"입니다.

도구 이성

독일 철학자 하버마스는 모든 사람이 두 가지 이성을 가지고 있다고 말합니다. 하나는 도구 이성이고 다른 하나는 소통 이성입니다. 도구 이성과 소통 이성이 오늘의 철학 한 마디입니다.

"아는 것이 힘이다."

도구 이성의 모델은 영국 철학자 베이컨이 제시합니다. 베이컨의 말은 머리에 든 게 많은 사람이 권력을 잡고 휘두른다는 뜻이 아닙니다. 이성을 발휘해 과학으로 자연을 아는 것이 자연을 지배하는 힘이라는 뜻입니다.

예를 들어 천둥과 번개는 과학이 발달하지 않은 시절에는 사람들이 신의 경고와 벌이라고 생각했습니다. 그래서 천둥과 번개가 치면 벌벌 떨고 숨기 바빴습니다.

그러나 과학이 발달하면 천둥과 번개는 대기 속에서 일어나는 방전 현상이라는 걸 알 수 있습니다. 사람들은 번개를 피하는 대신 피뢰침을 세워 다스릴 수 있습니다. 자연에 대한 과학 지식이 생기면 자연을 지배하는 힘도 생깁니다.

하버마스에 따르면 과학으로 자연을 알기 위해 발휘하는 이성이 도구 이성입니다. 도구 이성은 자연을 지배하고 인간을 지배하는 도구로 쓰입니다. 인간이 이성으로 과학을 진흥해 자연을 지배하면 반드시 어떤 인간이 다른 인간을 지배하는 일도 일어납니다.

자연을 지배하려면 사람들의 노동을 조직할 필요가 있습니다. 노동을 효율적으로 조직하는 사회 체계는 이성과 이성이 경쟁하고 이긴 이성이 진 이성을 지배하는 성격을 지닙니다.

도구 이성의 기능은 계산하고 예측하는 것입니다. 덕분에 도구 이성은 풍요로운 문명을 낳지만 사람이 자연과 다른 사람을 지배하는 원천이기도 합니다.

하버마스는 도구 이성의 부작용을 소통 이성으로 치유할 수 있다고 말합니다. 인간이 언어를 통해 의견을 주고받는 소통은 이성의 기능을 전제합니다. 이때 이성은 어떤 사람이 다른 사람을 적으로 여기고 지배하는 데 쓰이지 않고 벗으로 여기며 이해하는 데 쓰입니다. 하버마스의 도구 이성과 소통 이성은 이성이 병 주고 약 준다는 이성론의 세계관입니다.

남을 적으로 여기고 지배하는 데 쓰이는 이성은 계산하고 예측하는 도구 이성입니다. 남을 벗으로 여기고 이해하는 데 쓰이는 이성은 언어로 대화하는 소통 이성입니다. 하버마스에 따르면 소통 이성의 모델은 오스트리아 정신분석학자 프로이트가 제시합니다.

소통 이성의 모델

정신과 의사가 환자를 치료하는 방법은 무의식을 의식으로 전환하는 것이 핵심입니다. 정신과 의사는 보통 환자를 편안한 의자에 앉히거나 눕히고 솔직하게 말하게 만듭니다.

오랜 만남을 통해 신뢰가 쌓이면 의사는 정신 질환을 일으키는 환자의 무의식에 대한 분석 결과를 알립니다. 환자가 처음엔 그 분석 결과를 거부하더라도 점차 자기를 옥죈 무의식이 무엇인지 의식하면 치료가 시작됩니다.

정신 분석에서 의사와 환자가 솔직하게 대화하려면 서로 벗으로 여기고 이해하려는 소통 이성을 발휘해야 합니다. 그래서 하버마스는 프로이트의 정신 분석을 소통 이성의 모델로 봅니다.

김성환의 철학 한 컷

소통 이성의 활성화

하버마스가 치유하고 싶은 것은 프로이트처럼 개인의 비정상 심리가 아니라 사회의 비정상 구조입니다. 사회의 비정상 구조는 정신분석학 모델에 비유하면 환자입니다. 그리고 개인의 비정상 심리가 무의식에서 비롯하듯이 사회 구조를 비정상으로 왜곡하는 것은 이데올로기입니다.

환자의 무의식을 의식으로 전환해야 비정상 심리가 치유되듯이 왜곡된 이데올로기를 비판해야 사회의 비정상 구조가 치유됩니다. 하버마스에 따르면 사회의 비정상 구조를 치유하기 위해서는 어리석은 이데올로기를 비판하는 시민 단체들이 활발하게 움직여야 합니다. 시민 단체에 참여하는 사람들과 일반 대중의 소통 이성을 활성화해야 어리석은 이데올로기를 비판하고 물리칠 수 있습니다.

다른 나라 국회의원들이 우리나라처럼 드잡이질을 하는 건 아닙니다. 오히려 말로 싸웁니다. 의회(parliament)는 "말하다"는 뜻을 지닌 프랑스어 동사 "parler"에서 유래합니다. 의회는 말로 싸우는 곳입니다.

말로 싸우는 것이 다 나쁘진 않습니다. 학생들이 공부하는 논술도 "말다툼하다(argue)"라는 뜻을 지닌 동사의 명사인 논증(argument)과 같은 말입니다.

국회의원들은 말로 먹고사는 사람들입니다. 그러니까 말로 치열하게 싸우는 게 국회의원들의 직업입니다. 국회 청문회를 보면 말다툼 잘하는 국회의원들이 나섭니다.

좋은 말다툼을 하는 국회의원도 있지만 나쁜 말다툼을 하는 국회의원도 있습니다. 좋은 말다툼은 타당한 근거를 대는 것입니다. 나쁜 말다툼은 타당한 근거를 대지 않고 우기는 겁니다.

좋은 말다툼은 눈살을 찌푸릴 일이 아니고 본받을 일입니다. 나쁜 말다툼은 관용해서는 안 됩니다.

6

감정론

26

〈속초 설악산 천불동〉

"아름다움과 숭고"(칸트)

그림 26. 설악산 천불동 양폭 계곡
의 계단 ⓒ 김성환

천불동 계곡

대학교 1학년 때 설악산 천불동 계곡에서 양폭 위 계단에 섰을 때 느
낌을 잊을 수 없습니다. 아찔하게 내려가는 계단, 그 옆으로 깎아지른
절벽, 계곡으로 질주하는 물길. 오늘의 장소 한 컷입니다.

나중에 독일 철학자 칸트의 『판단력 비판』을 읽고 그 느낌이 숭고라는 것을 알았습니다. 『판단력 비판』은 미학책입니다. 칸트는 아름다움의 감정과 숭고의 감정이 무엇이고 어떻게 생기는지 설명합니다. 칸트의 아름다움과 숭고가 오늘의 철학 한 마디입니다.

아름다움

"뷰티풀!"

아름답다는 감정은 계곡을 보고 생길 수도 있고 꽃, 강, 사람, 빌딩을 보고 생길 수도 있습니다. 어떻게 아름답다는 감정이 생길까요?

"아름다움은 상상력과 이성의 합치"

칸트는 아름다움의 감정이 생기는 과정을 상상력과 이성의 합치라고 말합니다. 칸트는 이성을 좁은 의미의 오성과 넓은 의미의 이성으로 나눕니다. 아름다움의 감정이 생길 때 상상력과 합치하는 것은 좁은 의미의 이성, 오성입니다. 여기선 오성을 이성이라 부르겠습니다.

상상력이 하는 일은 이미지를 생산하는 것입니다. 생산 속도가 무척 빠릅니다. 상상력은 짧은 시간 안에도 엄청 많은 이미지를 생산할 수 있습니다. 칸트의 상상력은 오스트리아 정신분석학자 프로이트가 발견한

김성환의 철학 한 컷

무의식의 원조입니다. 상상력과 무의식은 모두 이미지 생산 공장입니다.

칸트는 상상력이 이미지를 생산하는 것을 상상력의 자유로운 놀이라고 말합니다. 상상력이 자유롭게 놀며 미친 듯이 생산하는 이미지들은 이성의 재료가 됩니다. 이성은 팝콘처럼 튀어 오르는 이미지들 가운데 하나를 포착합니다. 상상력과 이성의 합치입니다. 그러면 쾌감이 생깁니다. 아름다움의 감정이 생기는 과정입니다.

사랑하는 사람을 보면 "뷰티풀!"이라고 감탄합니다. 그 사람을 보는 짧은 시간에 상상력이 많은 이미지를 생산합니다. 첫사랑 이미지, 못생긴 개 이미지, 멋진 스타 이미지, 독사 이미지, 장미꽃 이미지 등등.

그때 이성이 못생긴 개나 독사의 이미지를 포착하지 않고 첫사랑, 멋진 스타, 장미꽃의 이미지들 중 하나를 포착하면 아름답다는 감정이 생긴다는 겁니다.

중요한 것은 상상력과 이성이 모두 필요하지만 상상력이 자유롭게 작동하지 않으면 아름답다는 감정이 생길 수 없다는 겁니다.

칸트의 상상력은 프로이트의 무의식과 같다고 말했습니다. 상상력이나 무의식은 이성의 영역보다 감정의 영역과 가깝습니다. 아름답다는 감정에 대한 칸트의 견해는 인간이 감정의 동물이라는 감정론의 세계관입니다.

숭고

영화 〈미션 임파서블: 데드 레코닝 PART ONE〉에서 이단 헌트 요원이 모터사이클을 타고 절벽에서 점프하는 모습을 보면 아찔하고 조마조마한 느낌이 듭니다. 배우 톰 크루즈가 대역 없이 실제로 스턴트를 하는 모습입니다. 심장이 쪼그라드는 이 느낌이 바로 숭고입니다.

"숭고하다" = "두렵다" + "즐겁다"

숭고하다는 두려움과 쾌감을 더한 감정입니다. 이단이 절벽에서 점프하는 모습을 보면 우선 "덜컹!" 하고 심장이 떨어지거나 심장이 쪼그라듭니다. 두려움의 감정입니다.

그러나 두려움의 감정은 이내 "와!" 탄성과 함께 쾌감으로 바뀝니다. 두려움을 동반하는 쾌감이 숭고하다는 감정입니다.

숭고하다는 감정은 어떻게 생길까요? 칸트는 상상력의 파탄과 이성의 위력으로 설명합니다. 상상력은 무한히 많고 큰 것으로 나아갈 수 있지만 전체를 보라고 하면 벽에 부딪히고 파탄합니다. 상상력은 전체를 보는 능력이 없습니다. 상상력이 벽에 부딪히고 파탄할 때 두려움의 감정이 생깁니다.

전체를 보는 능력은 이성에게 있습니다. 여기서 이성은 좁은 의미가 아니라 넓은 의미에서 이성입니다. 이성은 전체를 보며 상상력이 파탄해 생기는 두려움의 감정을 극복하고 쾌감을 줍니다. 이 쾌감이 숭고하다는 감정입니다.

제가 설악산 천불동에서 처음으로 양폭 위 계단에 섰을 때 눈을 질끈 감고 싶었습니다. 차마 눈 뜨고 보기 힘들었습니다. 상상력이 파탄에 이르렀습니다. 두려웠습니다.

그러나 이성이 눈을 뜨게 했습니다. 이성은 전체를 보는 능력이 있기 때문입니다. 이성은 가파르지만 안전한 계단에 대한 믿음으로 천불동을 응시하고 내려가게 했습니다. 숭고의 쾌감이 따랐습니다. 숭고하다는 감정은 상상력의 파탄을 이성의 위력으로 회복하면서 생깁니다.

내설악 백담사를 거쳐 외설악 천불동으로 내려가는 큰 산행은 대학교 1학년 때 난생 처음이었습니다. 그 뒤로 설악산, 지리산에 해마다 적어도 한 번씩 다닙니다. 처음 설악산 천불동에서 든 숭고의 느낌을 잊을 수 없기 때문인 듯합니다. 등산도 중독입니다.

27

〈독도〉

"애국심" (샌델)

그림 27. 독도 코끼리 바위 ⓒ 김성환

국뽕

독도는 국뽕이 차오르는 곳입니다. 독도가 오늘의 장소 한 컷입니다.

국뽕은 국가와 히로뽕의 합성어입니다. 국뽕은 국가에 대한 자부심을 의미합니다. 하지만 자기 국가에 대한 맹목 찬양을 비꼬는 말이기도 합니다.

애국심은 어떻게 평가할 수 있을까요? 철학에서도 의견이 나뉩니다. 애국심은 감정이고 강요하는 경향이 있으니까 바람직하지 않다는 의견이 있습니다. 반대로 애국심은 자연스러운 감정이고 강요하지 않는다면 문제가 없다는 의견도 있습니다.

사람이 감정의 동물이 아니라 이성의 동물이라고 보는 철학자들은 애국심을 경계하는 경향이 있습니다. 그러나 사람이 감정의 동물이라고 보는 철학자들은 애국심을 자연스럽게 받아들이고 좋은 사회와 국가를 만드는 동력으로 삼아야 한다고 말합니다.

우리나라에서만 200만 권 이상 팔린 『정의란 무엇인가』의 저자 샌델은 애국심을 높이 평가합니다. 애국심은 시민의 미덕을 기르고 공동체 구성원들에게 이익이 되는 공동선입니다. 애국심을 높이 평가하는 샌델의 견해는 인간을 감정의 동물로 보는 감정론의 세계관입니다.

연대감

샌델은 정치의 목적이 시민의 미덕을 기르는 것이라고 봅니다. 나아가 샌델은 정의가 미덕을 키우고 공동선을 고민하는 것이라고 말합니다. 정치가 추구해야 하는 공동선은 다음과 같습니다.

시민 의식, 희생, 봉사, 불평등 바로잡기,

소득과 부의 공정한 분배, 연대,

시민의 미덕, 동료애, 애국심.

샌델은 이 가운데 연대 의무를 다하는 두 사람의 예를 듭니다. 윌리엄 벌저는 매사추세츠주 상원의장과 매사추세츠 대학 총장을 지냈습니다. 형 화이티 벌저는 보스턴에서 조직범죄 집단의 우두머리가 되었습니다.

동생 벌저는 도피 중인 형과 통화했지만 수사당국에 협조하지 않았습니다. 형제는 형제입니다. 윌리엄 벌저는 가족 연대의 의무를 다했습니다.

데이비드 카진스키는 우편물 연쇄 폭발 사건의 범인, 별명 유나바머가 쓴 3만 5천 단어로 된 과학기술 반대 선언문을 보고 하버드 대학 출신 수학자이며 몬태나의 산에 은둔해 사는 형 테드가 범인임을 직감했습니다.

데이비드는 고심 끝에 연방수사국에 제보했습니다. "사람이 또 죽을 수도 있고 그것을 막을 사람은 나라는 생각이 들었어요." 데이비드 카진

스키는 시민 연대의 의무를 다했습니다.

샌델은 두 형제의 예, 가족과 시민들 사이에서 느끼는 각별한 연대 외에도 연대 의식 없이는 이해하기 어려운 예들을 듭니다.

2000년 요하네스 라우 독일 대통령이 이스라엘 국회에서 "독일인이 한 일을 용서해달라"고 말한 공개 사죄, 위안부 여성에게 일본 정부가 공식 사죄와 배상을 하라는 세계 각국의 압력, 내 마을과 공동체에 대한 충성, 동료애, 애국심 등은 모두 정의가 개인 차원에서 이루어지는 것이라고 보면 설명하기 어렵습니다.

애국심의 뿌리는 연대 의식, 연대감입니다. 가족, 시민, 국민에 대한 연대감이 있어야 애국심이 생깁니다. 애국심이 오늘의 철학 한 마디입니다.

독도에서 우리가 느끼는 애국심도 대한민국 국민과 시민과 내 가족을 지키려는 연대감에서 비롯합니다. 연대감과 애국심은 정치가 추구해야 할 시민의 미덕이고 공동선입니다. 부끄러워할 필요가 없습니다.

홀로 아리랑
저 멀리 동해 바다 외로운 섬

오늘도 거센 바람 불어오겠지

조그만 얼굴로 바람 맞으니

독도야 간밤에 잘 잤느냐

아리랑 아리랑 홀로 아리랑

아리랑 고개를 넘어가 보자

가다가 힘들면 쉬어 가더라도

손잡고 가보자 같이 가보자

독도에 서니 〈홀로 아리랑〉이 절로 나왔습니다. 섬에 연민을 느낀 건 처음이었습니다. 섬이 섬이 아닙니다. 마음을 움직입니다.

가수 이승철 님이 2014년 8월 14일 광복절 하루 전날 독도 선착장에서 탈북청년 40명과 〈홀로 아리랑〉, 〈그날에〉를 부른 모습이 눈에 선합니다. 이승철 님은 독도에서 노래 불렀다는 이유로 2014년부터 일본 입국을 거부당하고 있습니다. 이승철 님이 자랑스럽습니다.

김성환의 철학 한 컷

28

〈마드리드 산티아고 베르나베우〉

"이해관계 없는 만족"(굼브레히트)

그림 28. 레알 마드리드 FC의 축구장 산티아고 베르나베우의 지정석 열혈 응원단 ⓒ 김성환

성지 순례의 꿈

꿈이 있었습니다. 영국 프리미어리그 맨체스터 유나이티드에서 박지성 선수가 뛰는 모습을 직관하는 것이었습니다. 성지 순례의 꿈이라고 생각했습니다. 실패했습니다.

누군가 조언했습니다. 맨체스터에 가서 한 달쯤 살면서 맨체스터유나이티드의 홈 경기마다 올드트라포드에 가면 된답니다. 박지성 선수가 반드시 나오진 않은 시절이어서 한 달쯤이면 될 거라고요. 그럴 형편은 아니었습니다.

실패한 성지 순례의 꿈을 스페인 라리가 레알 마드리드 축구 클럽의 홈, 산티아고 베르나베우에 가서 조금이나마 대신 이루었습니다. 산티아고 베르나베우가 오늘의 장소 한 컷입니다.

산티아고 베르나베우 가는 길

한겨울이었습니다. 지하철에 흰색 반팔을 입은 사람들이 여럿 있었습니다. 나중에 보니 레알 마드리드 응원단이었습니다. 골대 뒤가 지정석이었습니다. 수천 명이 흰색 반팔 저지를 입고 큰 소리로 응원했습니다. 왜 팬들이 저토록 경기에 열광할까요? 미학이 스포츠에 던지는 핵심 물음입니다.

독일 철학자 굼브레히트는 역시 독일 철학자 칸트의 미학을 끌어들여 선수나 관중이 모두 스포츠에 열광하는 이유는 아무 이해관계 없는 만족이라고 주장합니다. 이해관계 없는 만족이 오늘의 철학 한 마디입니다.

칸트에 따르면 아름다운 것은 아무 이해관계도 없이 만족을 줍니다.

김성환의 철학 한 컷

아름다운 것은 감각기관이나 이성의 문제가 아니라 감정의 문제이기 때문입니다. 아무 이해관계도 없는 만족은 사람을 감정의 동물로 보는 감정론의 세계관입니다.

"뷰티풀!" 우리가 어떤 것을 보고 진심으로 이렇게 외칠 때 돈을 얻거나 잃는 건 아닙니다. "뷰티풀!"은 돈과 무관한 만족입니다.

관중은 자기가 응원하는 팀이나 선수가 경기를 잘하는 모습을 본다고 해서 돈이 생기지 않습니다. 경기에 돈을 걸고 도박하지 않으면 관중의 이해관계는 없습니다. 또 선수도 시합이 한창일 때는 연봉을 잊습니다.

굼브레히트는 강렬하게 집중해 몰입하는 것이 선수가 스포츠에서 느끼는 매력이라고 말합니다. 관중도 스포츠에 열광할 때 강렬하게 집중해 몰입하는 것을 경험합니다. 강렬하게 집중해 몰입하는 것이 바로 칸트가 말한 아무 이해관계도 없는 만족입니다.

강렬하게 집중해 몰입하는 것은 중독성이 있습니다. 선수가 몰입해서 운동하면 그때 그 느낌 때문에 또다시 하고 싶습니다. 또 운동이 설사 고통스럽더라도 고통을 잊게 해주는 마약 성분의 호르몬이 뇌의 명령에 의해 분비될 수 있습니다.

선수뿐 아니라 관중도 스포츠에 열광하는 것은 중독성을 지닙니다. 스포츠에 중독되면 드라마에 중독된 것과 마찬가지로 한 경기, 한 드라마가 끝나면 다음 경기, 다음 드라마를 찾고 기다립니다.

죽어도 좋은 스포츠

가관이 아닙니다. 1994년 미국 월드컵에 출전한 콜롬비아 대표팀 에스코바르는 미국과 경기에서 자살골을 넣고 탈락한 뒤 귀국했다가 주차장에서 총 맞아 죽습니다. 1995년 중국에서 타이샨 구단의 한 팬은 상대 팀이 동점골을 넣자 4층 아파트에서 투신자살합니다.

1985년 벨기에 브뤼셀의 헤이젤스타디움에서 열린 리버풀과 유벤투스의 유러피언컵 결승에서 38명의 팬이 사망하고 450명이 부상합니다. 1996년 콩고의 무탐바에서 벌어진 게임을 망고나무 가지에 앉아 관람하던 11명의 팬이 벼락 맞고 죽습니다.

축구는 죽어도 좋은 스포츠입니다. 축구만이 아닙니다. 권투, 마라톤, 사이클링, 야구, 승마, 카레이싱, 봅슬레이. 모두 순직한 선수가 있는 스포츠 종목입니다.

굼브레히트는 스포츠가 퍼포먼스라고 정의합니다. 관중은 스포츠를 오페라, 교향곡, 발레와 마찬가지로 하나의 퍼포먼스로 경험합니다. 그

김성환의 철학 한 컷

러나 스포츠는 특별한 종류의 퍼포먼스입니다. 굼브레히트는 스포츠 퍼포먼스의 특성을 "현존(presence)"이라는 개념으로 설명합니다.

현존의 어원인 라틴어 "prae-esse"는 "앞에 있다"는 뜻입니다. 현존하는 것은 우리 앞에 있으니까 우리 손에 닿을 수 있고 우리가 접촉할 수 있고 감각기관으로 직접 지각할 수 있습니다.

현존은 시간도 중요하지만 항상 시간을 "앞에 있는" 공간에 붙들어 매어놓습니다. 스포츠는 현존의 특성을 지닌 몸동작이라는 뜻에서 퍼포먼스입니다.

스포츠가 현존 퍼포먼스라면 선수는 자기 몸이 지각하는 것에 집중합니다. 경기를 하는 동안 연봉 생각하는 선수는 없습니다.

스포츠가 현존 퍼포먼스라면 관중도 거리를 두고 스포츠를 관찰한다고 생각하지 않고, 퍼포먼스의 일부를 이루며 퍼포먼스와 접촉하고 있다고 느낍니다.

퍼포먼스

"What do you think United's performance today?"
(오늘 유나이티드의 퍼포먼스를 어떻게 생각하나?)

"Ye, it's good, great, because the result was good

and our performance was good."

(그래. 좋았다, 대단했다. 왜냐하면 결과가 좋았고

우리의 퍼포먼스가 좋았으니까.)

2010년 1월 31일 아스널과 축구 경기에서 골을 넣은 박지성에게 리포터가 묻고 박지성이 대답합니다. 흥미롭게도 리포터와 박지성은 모두 축구 경기를 "게임"이 아니라 "퍼포먼스"라고 말합니다.

맨체스터 유나이티드 박지성의 퍼포먼스를 직접 관람한 한국 사람들은 그 느낌을 잊지 못할 것입니다. 마치 예술 작품을 즐겨 찾는 사람이 레오나르도 다빈치의 〈모나리자〉를 직관한 것과 같을 겁니다.

둘은 공통점이 있습니다. 그때 그곳이 아니면 볼 수 없습니다. 〈모나리자〉는 프랑스 파리의 루브르 미술관에 가지 않으면 진품을 볼 수 없습니다. 박지성이 아스널과 경기에서 골을 넣는 모습도 2010년 1월 31일 아스널의 홈 경기장 에미레이츠에 없으면 진품을 볼 수 없습니다.

선수와 스포츠와 관객이 어우러지는 것도, 예술가와 예술작품과 관객이 어우러지는 것도 함께 진품을 만들어 내는 퍼포먼스입니다. 스포츠와 예술작품 관람은 퍼포먼스이기 때문에 관객이 열광합니다.

200

29

〈서울 한강〉
"격렬한 감정과 차분한 감정"(흄)

그림 29. 영화 〈달콤한 인생〉에서 조폭 김선우(이병헌)가 자동차로 위협하고
담뱃불을 던지는 양아치들을 참교육하러 가는 모습. 출처: 네이버

한강 다리를 바라보면

해 질 무렵 서울 한강은 아름답습니다. 오늘의 장소 한 컷입니다.

한강은 철마다 다른 옷을 입습니다. 봄이면 개나리, 벚꽃, 유채꽃, 장미가 피고 여름이면 숭어가 뛰놉니다. 정말 강물 위로 뛰어오릅니다. 가을이면 단풍처럼 붉은 노을이 들고 겨울이면 청둥오리, 큰기러기 같은 철새가 날아옵니다.

그러나 저는 한강 다리를 보면 꼭 떠오르는 영화 한 컷이 있습니다. 〈달콤한 인생〉에서 조폭 김선우가 양아치들을 참교육하는 장면입니다. 선우는 한남대교에서 양아치들을 패고 자동차 키를 한강으로 내던집니다.

이 장면을 떠올릴 때마다 선우가 얼마나 격렬한 감정을 가지고 있는지를 느낄 수 있습니다.

격렬한 감정, 차분한 감정

영국 철학자 흄은 인간의 이성이 감정의 노예라고 말합니다. 인간을 움직이는 것은 이성이 아니라 감정이고 이성은 감정에 봉사할 뿐이라는 뜻입니다.

양아치들이 뒤에서 빵빵거리고 추월하고 담뱃불을 던질 때 선우는 참고 지나치려 합니다. 그러나 선우는 갑자기 양아치들의 차를 한남대교에서 급히 세우고 참교육합니다.

김성환의 철학 한 컷

흄은 감정을 이성으로 다스릴 수 없다고 봅니다. 이성은 감정에 봉사할 뿐입니다. 선우의 이성은 분노의 감정에 봉사해 어떻게 하면 양아치들의 차를 세울 수 있는지 거리와 시간을 계산할 뿐입니다.

흄은 감정을 다스릴 수 있는 것은 감정뿐이라고 말합니다. 격렬한 감정은 차분한 감정으로 다스릴 수 있습니다. 격렬한 감정과 차분한 감정이 오늘의 철학 한 마디입니다.

격렬한 감정은 마음속에 동요를 크게 일으키는 감정입니다. 분노, 복수심 같은 감정입니다. 차분한 감정은 마음속에 동요를 작게 일으키는 감정입니다. 자비, 자기애 같은 감정입니다.

선우가 자기애를 가졌다면 분노를 억누를 수 있었습니다. 선우가 처음에 참고 지나치려 하는 것은 이성을 발휘했기 때문이 아니라 자기애의 감정을 발휘했기 때문입니다.

직업이 폭력인데 양아치들을 참교육하는 것은 자기 손을 더럽힌다고 계속 자기애를 발휘했으면 분노를 억제할 수 있었을 겁니다. 그러나 선우는 격렬한 감정인 분노가 차분한 감정인 자기애를 이겼습니다.

이성이 감정의 노예이고 차분한 감정만이 격렬한 감정을 다스릴 수 있다는 흄의 세계관은 인간을 감정의 동물로 보는 감정론입니다.

펄떡펄떡 뛰노는 숭어

"거울 같은 강물에 송어가 뛰노네

화살보다 더 빨리 헤엄쳐 뛰노네"

오스트리아 작곡가 슈베르트의 가곡, 〈송어〉의 한국어 번안 가사입니다. 우리나라 중고등학교 교과서에 오랫동안 〈숭어〉로 잘못 실렸습니다.

송어도 뛰놀고 숭어도 뛰놉니다. 송어는 민물고기이고 숭어는 바닷고기입니다. 숭어는 육지 가까운 바다에서 살기 때문에 바다가 강으로 역류하면 같이 강으로 역류해 뛰놉니다.

숭어가 뛰노는 이유는 물과 부딪히면서 등각류라는 기생벌레를 떼어내려는 것, 힘을 과시하는 것, 배가 불러 기분이 좋은 것 등 여러 가지 설이 있습니다.

이 가운데 저는 기분이 좋은 것 때문이라는 설에는 동의할 수 없습니다. 물고기가 감정을 가진다고 전제하기 때문입니다. 감정은 포유류의 뇌 정도로 발달해야 가질 수 있다는 것이 생물학계의 오랜 정설입니다.

인간의 감정은 다양합니다. 많은 감정 가운데 기본 감정이 무엇이고 감정들을 어떻게 분류할지는 철학에서 단골 문제입니다. 격렬한 감정과 차분한 감정이 흄의 분류입니다.

인간은 감정의 동물이고 감정을 다스리는 것도 감정이라는 세계관은 포스트모더니즘이라고도 불립니다.

모더니즘은 이성을 신뢰합니다. 인간은 이성의 동물이고 이성을 발휘해 사회를 발전하게 한다는 것이 모더니즘 세계관입니다. 그러나 이성에 의한 사회의 발전이 인구, 전쟁, 환경, 질병 등 병폐를 낳자 이성에 대한 신뢰도 떨어지고 있습니다.

반대로 감정이 각광받고 있습니다. 단순히 느낌대로 살자는 뜻이 아닙니다. 감정을 창의 아이디어의 동력으로 삼자는 뜻입니다.

한강에서 숭어가 뛰노는 모습을 보고 해 질 무렵 한강을 보면 기분이 좋아집니다. 저는 시를 쓰진 못하지만 이 글을 쓸 동력은 얻었습니다.

30

〈브라보 마이 라이프〉

"좋은 혐오, 나쁜 혐오"(누스바움)

그림 30. 시니어 매거진 〈브라보 마이 라이프〉의 기사 한 컷. 출처: https://m.bravo.etoday.co.kr/view/atc_view.php?varAtcId=13685

혐로

"고품격 시니어 매거진"이라는 〈브라보 마이 라이프〉에 "[노인혐오 기획] 생활 곳곳에서 만나는 노인혐오 … 가장 보통의 하루"라는 기사가 2022년 7월 5일 자로 실렸습니다. 노인혐오를 "혐로"라 이름 붙입니다.

오늘의 온라인 장소 한 컷입니다.

시내 빌딩의 경비원으로 일하는 67세 김 씨의 하루를 가상으로 구성했습니다. "아침 밥친구" 뉴스 아나운서가 모 정치인이 사석에서 노령연금 수급이 민폐라고 말했다고 전합니다. 김 씨는 언론이나 정치인이 혐오 표현을 널리 알리는 주체가 아닐까 생각합니다.

미국 철학자 누스바움은 혐오를 좋은 혐오와 나쁜 혐오로 나눕니다. "원초 혐오"와 "투사 혐오"라고 이름 붙입니다. 좋은 혐오와 나쁜 혐오가 오늘의 철학 한 마디입니다.

나쁜 혐오

먼저 나쁜 혐오입니다. 나쁜 혐오는 학습, 경험, 관습을 통해 습득된 감정입니다. 노인, 동성애, 유대인 등등에 대한 혐오가 예들입니다.

나쁜 혐오는 내가 감당할 수 없는 속성을 남에게 전가하는 것입니다. 노인혐오는 내가 취업하지 못하는 약점을 노인에게 투사해 노인을 비난하는 것입니다. 그래서 누스바움은 투사 혐오라 부릅니다.

나쁜 혐오는 자기 약점을 감추고 남을 희생양으로 만듭니다. 정치인이 노령연금 수급을 비난하는 것은 노령연금을 예산으로 감당하지 못하는 못난 자기 모습을 노인 책임으로 전가하는 것입니다. 나쁜 혐오입니다.

언론이 사석에서 나온 정치인의 발언을 보도하는 것도 나쁜 혐오 조장입니다. 언론이 정치인의 잘못을 보도하는 것 같지만 이 보도에는 악성 댓글이 수없이 달립니다. "노인들은 정치 참여 말고 물러나라", "아예 노인들만 한데 모여서 살라" 등등.

한국노인인력개발원의 조사에 따르면 노인들이 온라인 혐오 표현을 가장 많이 겪은 장소는 뉴스기사와 댓글(71.0%)입니다. 또 혐오 표현이 심화하는 원인으로 "언론의 보도 태도"라고 대답하는 사람들은 79.2%에 달했습니다.

좋은 혐오

좋은 혐오도 있습니다. 좋은 혐오는 생존을 위해 타고난 감정입니다. 예를 들어 썩은 음식 냄새에 얼굴을 찌푸리거나 코를 막는 행동은 썩은 음식을 피하려는 혐오 감정에서 비롯합니다. 이런 혐오는 생존에 도움이 됩니다.

좋은 혐오는 인간의 생존에 위협이 예상될 때 본능으로 발동해 그 위협에서 벗어나게 해줍니다. 좋은 혐오는 타고난 본능입니다. 그래서 누

김성환의 철학 한 컷

스바움은 원초 혐오라 부릅니다.

빌딩 경비원 김 씨는 직원들이 엘리베이터를 기다리며 주차에 관해 불평하는 소리를 듣습니다. 김 씨는 직원들을 도와줄 수 있지만 나서지 않습니다. 얼마 전 도와주러 나섰다가 고맙다는 말 대신 잔소리한다는 핀잔을 들었기 때문입니다.

김 씨가 나서지 않게 하는 것이 좋은 혐오입니다. 김 씨는 또 나섰다가 핀잔을 들을 것을 예상하고 썩은 음식 피하듯이 나서지 않습니다. 핀잔이라는 위협에서 벗어나려는 본능이 작동했기 때문입니다. 좋은 혐오가 김 씨를 보호해 줍니다.

좋은 혐오와 나쁜 혐오, 원초 혐오와 투사 혐오는 개인의 행동과 사회의 문화를 혐오 감정에서 찾는 감정론의 세계관입니다.

나쁜 혐오에서 벗어나는 길은 관용

몽테뉴, 베이컨, 홉스, 로크, 데카르트, 스피노자, 라이프니츠, 벨, 볼테르, 루소, 흄, 칸트, 헤겔, 밀, 니체, 아렌트, 포퍼, 롤스, 누스바움.

유명한 철학자들입니다. 경험론자, 합리론자, 낭만주의자, 관념론자, 공리주의자, 정의론자 등등 서로 다른 이름들이 붙어 있습니다. 그러나 공통 이름이 하나 있습니다.

"관용주의자"

모든 철학자들이 관용을 외쳤습니다. 주로 종교 관용입니다. 1517년 종교개혁 후 끊임없는 종교 박해와 종교전쟁이 이어지자 철학자들은 이구동성으로 서로 다른 종교들 사이의 관용을 외쳤습니다.

20~21세기 들어 관용은 종교 갈등뿐 아니라 일상생활에서 일어나는 많은 갈등과 혐오를 해결하는 방법입니다.

저는 『혐오를 넘어 관용으로』라는 책에 공동 지은이로 참여한 적이 있습니다. 가장 놀란 일은 우리나라 부모들이 자녀에게 관용을 가르치겠다고 대답한 비율이 아주 낮은 수준이라는 것입니다.

"집에서 자녀에게 가르쳐야 할 항목으로서
관용과 타인 존중을 특별히 중요한 것으로 여기십니까?"

〈세계 가치관 조사〉라는 것이 있습니다. 2017~2020년 조사에서 위 질문에 51개국 평균은 62.9%입니다. 한국은 50.8%입니다. 경제협력개발기구(OECD) 회원국 중에는 단연 꼴찌입니다.

이래서는 자녀가 외국 가서 살지 못합니다. 한국에서 떵떵거리고 살면 된다고요? 99% 운동이 부메랑으로 돌아올 겁니다.

게오르크 헤겔, 『역사철학강의』, 권기철 옮김, 동서문화사, 2008.

게오르크 헤겔, 『정신현상학 1』, 김준수 옮김, 아카넷, 2022.

데이비드 흄, 『인간 본성에 관한 논고 1』, 이준호 옮김, 서광사, 1994.

도나 해러웨이, 『해러웨이 선언문』, 황희선 옮김, 책세상, 2019.

라 메트리, 『라 메트리 철학 선집』, 여인석 옮김, 섬앤섬, 2020.

루트비히 비트겐슈타인, 『논리-철학 논고』, 이영철 옮김, 책세상, 2020.

르네 데카르트, 『방법서설, 정신지도규칙』, 이현복 옮김, 문예출판사, 2022.

마사 누스바움, 『타인에 대한 연민』, 임현경 옮김, 알에이치코리아, 2020.

마이클 샌델, 『정의란 무엇인가』, 김명철 옮김, 와이즈베리, 2014.

베네딕투스 데 스피노자, 『에티카』, 조현진 옮김, 책세상, 2019.

아이작 뉴턴, 『프린키피아』, 박병철 옮김, 휴머니스트, 2023.

앙리 베르그송, 『창조적 진화』, 황수영 옮김, 아카넷, 2005.

위르겐 하버마스, 『의사소통행위이론 1』, 장춘익 옮김, 나남, 2006.

이마누엘 칸트, 『판단력 비판』, 이석윤 옮김, 박영사, 2017.

장 보드리야르, 『소비의 사회』, 이상률 옮김, 문예출판사, 2015.

조지 버클리, 『새로운 시각 이론에 관한 시론』, 이재영 옮김, 아카넷, 2009.

존 롤스, 『존 롤스 정의론』, 황경식 옮김, 쌤앤파커스, 2018.

질 들뢰즈, 펠릭스 과타리, 『안티 오이디푸스』, 김재인 옮김, 민음사, 2014.

질베르 시몽동, 『기술적 대상들의 존재양식에 대하여』, 김재희 옮김, 그린비, 2011.

찰스 다윈, 『종의 기원』, 장대익 옮김, 사이언스북스, 2019.

페르디낭 드 소쉬르, 『일반언어학 강의』, 김현권 옮김, 그린비, 2022.

프리드리히 엥겔스, 『자연변증법』, 윤형식, 한승완, 이재영 옮김, 중원문화, 2007.

플라톤, 『플라톤 국가』, 박문재 옮김, 현대지성, 2023.

한스 굼브레히트, 『매혹과 열광』, 한창호 옮김, 돌베개, 2008.

GMV 지구촌영상음악, 「신해철+Wittgenstein」, 2001.

김성환의 철학 한 컷